教师成长及发展之路
——如何成为一名优秀的教师

王本红 著

中国商务出版社

图书在版编目（CIP）数据

教师成长及发展之路：如何成为一名优秀的教师 / 王本红著 . -- 北京：中国商务出版社，2022.9
　ISBN 978-7-5103-4412-1

　Ⅰ.①教… Ⅱ.①王… Ⅲ.①大学语文课－教学研究－高等职业教育 Ⅳ.①H193

中国版本图书馆 CIP 数据核字（2022）第 160975 号

教师成长及发展之路——如何成为一名优秀的教师
JIAOSHI CHENGZHANG JI FAZHAN ZHI LU—RUHE CHENGWEI YIMING YOUXIU DE JIAOSHI

王本红　著

出　　版	中国商务出版社
地　　址	北京市东城区安外东后巷28号　　邮　编：100710
责任部门	教育事业部（010-64283818）
责任编辑	刘姝辰
直销客服	010-64283818
总 发 行	中国商务出版社发行部（010-64208388　64515150）
网购零售	中国商务出版社淘宝店（010-64286917）
网　　址	http://www.cctpress.com
网　　店	https://shop162373850.taobao.com
邮　　箱	347675974@qq.com
印　　刷	天津雅泽印刷有限公司
开　　本	710 毫米 ×1000 毫米　1/16
印　　张	11 　　　　　　字　数：150千字
版　　次	2022 年 9 月第 1 版　　印　次：2022 年 11 月第 1 次印刷
书　　号	ISBN 978-7-5103-4412-1
定　　价	55.00 元

凡所购本版图书如有印装质量问题，请与本社印制部联系（电话：010-64248236）

版权所有　盗版必究（盗版侵权举报可发邮件到本社邮箱：cctp@cctpress.com）

前　言

　　一个月前，王老师让我写一点给读者的文字，我觉得不合适，做这个活的应该都是有名望有影响的人吧，我怎么敢？后来想起黄永玉大师画展上，黄永玉请去剪彩的竟然是一位花匠朋友，可见真正优秀的作品不一定非要找一个高人来捧场；加上多年来我读过她不少的文字，教学论文、生活随笔、课堂实录之类的，我就权当一回"花匠"吧。

　　可是，当我把她的书稿读完之后，我觉得我太难了：她的书涉及的内容太多，从五章标题就可以看出；她的语文课例太多，课内的课外的，阅读的写作的；她的感悟角度太多，生活的校园的、老师的学生的……

　　弱水三千，我只能取一瓢饮。就先谈谈她的课堂观吧。

　　我们可以从她的《语文课堂，不仅是诗意和远方》中领略到，她的课堂的主角是学生，没有越俎代庖，揠苗助长，甚至我们从她的课堂几乎看不到她刻意展示自己的文笔，尽管她的文笔很优美。她有足够的耐心，能给学生尝试的机会，甚至犯错的机会。把发现和探究的权利还给学生，因为她知道真正有魅力的可持续的课堂需要积淀，需要浇灌，需要等待。时隔十余年，威海的好多老师还对王老师当年那节借鉴《夏洛的网》指导心理描写的公开课念念不忘，说那是王老师的"封神之作"，可谓"花开时节动海城"。王老师自己也感慨，她在这次整理课堂实录的时候和我探讨过一个问题：为什么后来肖像描写的公开课就达不到那个效果呢？"作

1

诗火急追亡逋，清景一失后难摹。"作诗如此，做课也如此，这恰恰说明了王老师的课不是作秀。正像她自己提到的，"语文课最精彩的部分是生成"，自然而然的生成。正是这种课堂观，才产生了属于她的风行水上的自然流动的课堂之美。百花生树，群莺飞舞，春风江上路，多么令人向往的境界！

本书的章节也有一种流动的整体意识，我们看她的《读写实践园》这一章，各自侧重又彼此呼应，顾盼生姿。本书五章内容也是这样，把涉及中学语文教育教学的各个方面的实践和反思一一记录，对于我们的语文教学，善莫大焉。

说起她独辟蹊径的教学设计，我觉得有两个最能体现她鲜明的风格。

其一，化文为诗的赏析方法。

我们在诗歌教学中化诗为文是很常见的，翻译一下诗句，便于更好地理解诗歌。可是化文为诗，就对我们的语文老师提出了很大的挑战。我们试以她对《白色鸟》的变形训练为例：

那白皙少年
于默想中
便望到外婆高兴的样子了
银发在眼前一闪一闪
怪不得
他是外婆带大的童年
浪漫如月船
泊在了外婆的臂弯里
臂弯宁静又温暖

化文为诗，按照节拍进行朗诵，更加强调了文字的诗的意境、节奏和音韵。值得强调的是，王老师很好地发挥了诗歌建行的功用，突出了"外婆""银发""月船""臂弯"这些虚实相间的意象，恰到好处地营造了一种美好、浪漫、温馨的氛围，隐藏在文字背后的思绪，在王老师的设计之下，通过学生反复吟咏，不知不觉地体会出来，让单一的语言赏析也变得摇曳多姿起来。

其二，是她独具特色的读写实践。

他看到邱二爷眼睛潮湿着站在秋风里，一副疲惫而衰老的样子。他还发现，邱二爷的脊背从未弯得像今天这样驼，肩脚从未瘦得像今天这样隆起，脸色从未黑得像今天这样枯——枯黑得就像此刻在秋风中飘零的梧桐老叶。

王老师巧妙地将阅读和写作结合起来，引导学生从阅读中借鉴写作方法，又用写作带动对文章的阅读。在她的引领下，作者优美的诗化的语言和忧郁悲悯的人文关怀，宛如一池轻轻柔柔的春水，温润和荡涤着学生的心灵，让学生从中感受到了作者对真情，对苦难，对美好人性的细腻描写和咏叹，也从中体悟到作者是通过描写眼睛、脊背、肩脚、脸色等动情点，借助排比和比喻的修辞来抒发情感。

在进行了上面的铺垫之后，王老师顺势而问："作品中的人物从一次凝视中发现了他从未发现的世界，你有没有这样凝视过你身边的人？"在学生跃跃欲试的时候，她引导学生搜索记忆中的一次凝视，从中选择恰当的动情点进行描写。清代教育家王筠在《教童子法》中提道："人皆寻乐，谁肯寻苦？读书虽不如嬉戏乐，然书中得有乐趣，亦相从矣。"在学问之路上，兴趣是第一重要的。没有兴趣推动的智力活动，其维持与发展都是不可能的。王老师这种情境的创设极大限度地激发了学生的思维，所谓"不愤不启，不悱不发"，是"花朵自然而美丽地绽放"。而这一切都来源于她深厚而独到的阅读体验，水到渠成的因势利导。

学生的兴趣得到激发之后，她还给学生提供写作的方法：借鉴课堂学到的句式和修辞方法。我们可以从她的《肖像描写》教学实录中看到学生的表达，令人叹服。以上的教学实践在王老师的课堂实录中不胜枚举，整个第四章的读写实践几乎都是这样，正像她总结的"情境体验（解决'写什么'的问题）——名篇借鉴（解决'怎么写'的问题）"。从"写什么"的激发，到"怎么写"的方法帮助，读写结合，水乳交融。结合自己的生活体验，从阅读的经典名篇里借鉴相关的描写方法，让笔下的人物形象饱满、生动鲜活，正是她独具特色的读写实践。

她的实践还有更高的境界。她说："我们从文学作品中借鉴的不应该仅仅是一些写作方法，还应是镜子般看到真实的世界和我们自己。""善教者使人继其志"，信夫！

其实，我最想谈的，还是她的情怀。

她是一道光，灿烂了青春年华。

做王老师的学生是让人羡慕的。作为老师，她是学生口中那个亲切、温暖的"红红姐"，她会在课堂上给那个"黑人的后代"（妈妈是云南籍的一个男孩）推荐史铁生的文字，给他班集体的容纳；会在适当的时机给学生一个美名，让他们为之奋斗。她会在自习课上学生吵成了一锅粥时，用一首小诗为批评做总结；她还会做预言家，给学生一种预期，让他们从中得到鼓励，所以她的预言十有八九都会灵验。而她，这个可亲可近的邻家姐姐，成为孩子们年少时光的美好见证，留在了他们记忆的深处。

作为和她同一个时代，同样有着乡村学校执教经历的我，更关注的是，她开始踏上讲台时的20世纪90年代，还是教育的寒冬期，如何跋涉于泥泞的长途而不怨尤。在无力改变的时候，转换心境，以乐观的态度接受教师的职业并试着尽最大可能去喜欢它，"如幼小的毛竹一样，虽处僻壤陋巷,然而并不气馁,不断地汲取着生命成长必需的养分,不断地为自己积蓄着人生的能量"。王老师毕业分配到学校时,本来分配教物理,是费了好大的劲才得以教学了自己喜欢的语文,一教便教了32年。在她的眼里,语文学科犹如那水光潋滟的一鉴方塘,散发着迷人的芳香,而读书和反思是她向青草更青处漫溯的双桨。在语文这一美的诗意的教育中,我们"听到了生命拔节的动人声响"。

作为她的同行,我们都可以从她那里得到力量。2004级高三,我担任组长,这一年我带的12位教师有6位是第一次送高考,压力之下那些年轻的女老师常常抹眼泪,我就把王老师的文字推荐给她们,特别是当时她发表的《做一株有魔法的毛竹》《雨芙蓉》(后文因为是生活随笔,未选入本书),教师们从中感受了坚韧、执着和希望,为自己任教的学科找到了快乐和幸福的理由。所以,她是一道光,照亮了诗和远方。

读王老师的文章让人警醒。

作为同行,我也经历了一场灵魂的拷问:(课堂上)只是注重教案的完美演绎,能不能激发学生思维的飞扬?空泛虚夸的外在激励,是不是忽视了人格形成上的负面效应?追求立竿见影的批评、惩戒,会不会对学生心灵造成伤害?有没有无意间剥夺了"夹心层"学生享受教师关注的机会?甚至,在无人监督的时候,作为老师,能不能仍然坚守自己的本心?这些问题都是她敏锐而深刻地提出来的,在我读来真如当头棒喝,醍醐灌顶。

反思自己,评上副高职称之后,我的进取心淡了,教学成绩差不多就满足了,任务能应付就应付,对比王老师,当真是汗颜。她甚至会做一些我此前觉得很琐碎很不屑的尝试,例如本书第五章《亲子成长苑》,她表现出的苦口婆心,不厌其烦。然而正是这样的日常琐屑,寻常点滴,折射出教师的道德与良心。再如第四章《读写实践园》,扎扎实实的课堂读写实录(她的这些专项的训练,我曾经在2008年和2012年春在省考试院解读《高考说明》的会议上，两次推荐给我们山东的高中语文老师，作为专门的记叙文训练教材使用），正是这些一点一滴的积累，使得她的语文既有红尘俗世的人间烟火，又有令人憧憬的诗和远方；既有脚踏实地的勤奋，又有仰望星空的高远。

竹径通幽处，园中草木深。勤奋的充实自身与热情的参与意识，朝朝夕夕的弦诵之声与岁岁年年的奋斗呐喊，成就了王老师细腻温润、诗意生动的教学风格。语言会传递爱，眼睛会流露爱，不会烦躁不安，不会怒目而视，更不会出口伤人。而课堂也在这温情脉脉、语笑依依下变得圣洁美妙。

现在她的文章结集出版了，当年那株青葱挺拔的毛竹，已经风姿卓然，直入云霄。然而，当看到我写就的前言时，王老师却说哪有这样高啊！竹有节，节节攀高，"到凌云处仍虚心"，这不正是她的写照吗？

贤哉其人，三十二年深耕杏坛，如今幽兰蕙芷齐芬芳；
宜乎斯文，五彩华章沉思语苑，至此天光云影共徘徊。

"向前走吧，沿着你的道路，鲜花将不断开放。"我将泰戈尔的这句话，送给王老师，也送给我们的读者。

山东青岛
金延东

序

20世纪90年代初，20岁的我从文登师范学校毕业后，来到了乳山最北面、最偏僻的那个小小初中——冯家镇徐家村初中。没有感到现实与理想的反差，一切都是新奇的，包括破旧的校舍。

初中共有六个教学班，与村里的小学挤在一个院子里。学校里的老师大多是就近上班的民办教师与代课教师，只有远道而来的我是"科班出身"的单身教师。没有宿舍，就睡在学校伙房的土炕上。每天晚上，为了安全我只能把自己反锁在屋里。如果碰上阴雨天气，狂风大作，门窗就会哗哗直响，由于恐惧，我竟常常整夜难眠。

也许刚毕业的我，就像秋天里挂在树上的柿子那么引人注目。村民和孩子们看我就像看外星人一样。孩子们说，从来没见过这么年轻漂亮的教师（可怜见的，我本不漂亮）；村民们说，我说话（普通话）像唱歌一样好听。没有同龄人做伴，学生就是我的朋友。我和学生是不分谁大谁小的。周末的时候，因为离家很远，我便去找学生们玩。下雨天时，我甚至打着雨伞，挨家走。至今我还记得和他们打着雨伞在村里转的情景。晴天的时候，我和学生就去爬山。山离学校很远，我们一般骑了车去，满山的映山红，满坡的山野菜，还有那清澈的没有任何污染的小河……

我记忆中留下了不少那个时候的照片：有时候在山崖上倚石而立，有时候在河边安静地凝坐，更多的时候，是和学生们嬉戏的合影！男孩女孩把我的照片要了去，挂在他们家的相框上。好几年后，还有学生在我教他的时候，对我说："老师，我们家有你的照片呢！"然后见我一脸茫然，便赶紧补充说："你是我哥哥（有时是姐姐）的老师呢！"

学校里没有电视，没有可消遣的事做，课本和作业就是我的娱乐伴侣；没有录像可供观摩，当然更没有网络可供查询，我只能一遍遍地读课本与教学参考。学校里有很多他们自嘲为"杂牌军""土八路"的教师。语文老师除了我，还有一位并不把教学当职业的代课男教师，一位身体孱弱不用坐班的民办女教师。几乎很少有上级的检查，也极少有出去学习的机会，最远也就是到20里外的小镇，听那里的老师将走出大山听到的课，照猫画虎地传给我们（那实在是照猫画虎，怎么可能出去听两节课就能脱胎换骨呢），这样也就等于进了一次县城。教学中有了问题就靠自己琢磨，凭着自己的悟性来完成教学任务。工作中，没有理念的支撑，纯是天然的动力和学生时代积累的内存在指导着自己，没想我的教学成绩居然连年不错。

但荣誉是没有我的份的。那么多要养家糊口的民办教师，都眼巴巴地等待着捧上证书，完成"农转非"的梦想。荣誉于他们，不亚于金饭碗。他们白天承担着繁重的教学任务，下班回家还有五谷杂粮等着他们料理。所挣不多，所获寥寥，但他们一直坚忍地守望着。我不忍看他们苍老的颜，粗糙的手！因为敬爱他们，所以期望他们人人都能得偿所愿，无形中我便看淡了对荣誉的追求。

现在想来，那段时光的我就像那慢生树种，以看不见的速度在艰难地一点一点地挺进、成长！

冬去春来，日子的流云在等待中随风而逝。我想，在潜意识里我一定一直在等待，在盼望。等待着有一个人将我领进教学艺术的殿堂，盼望着有一天我能站在更大的讲台上。

那段寂寞的岁月，最最单调的日子！

但也成为我潜心修行的难得时光。

这样的日子一直持续到我26岁的春天。因为要确定一节写作立标课，市里（彼时乳山已撤县设市）的语文教研员周相涛老师在小镇辅导员的推荐下（这位辅导员在我刚毕业时听过我的课），坐着摩托车沿着坑坑洼洼的乡村小路，走进了我的课堂。我永远忘不了周相涛教研员高大的身影，他的到来，无疑点亮了我的心灯；他的赏识，为我打开了一个崭新的世界。

我清晰地记得，那一节课我讲的是看图作文指导课。图是我在一张报纸上收集到的，题目叫"渴望"，鞭挞的是当时日益严重的滥砍滥伐现象。画面上一个个被砍伐后的树桩惨不忍睹，一只小鸟衔着水壶为树桩旁钻出来的幼芽浇水。课堂上，学生们表现得真是棒，丝毫没有乡村孩子的拘谨与羞赧，恍惚中我看到了辅导员与周老师那笑着的脸。现在坐在电脑前，穿越岁月的风尘，我脑海中忽然灵光闪动：那小鸟对森林的渴望，何尝不是我懵懵懂懂的心灵渴望？冥冥中是不是一切皆有天意？

再见周老师时，我借到了他的《魏书生文选》。

许是因为心灵安静、环境冷寂的原因吧，我把所有的精力都用在了业务上。冬天的日子里，我会早早起来，在办公室里生好炉子，在暖暖的空气里用心批改学生的习作（我要求学生每周随笔不少于两次），等待着老师们陆续踏雪而来。在我眼里，学生的习作犹如晶莹的有生命的天使，我将它们用蜡纸、铁笔刻印出来，装订成散发着油墨芳香的作文选发给大家。我永远记得我为它们拟的温馨的名字——星星河！我多么希望我的学生都能成为那夜空中最闪亮的星星！

从初一一直教到初三毕业班，我完成了全程教材的教学。

就在我们学校合并到镇中心初中的那一年，我第一次被评为市里的优秀教师，成为当时小镇上最年轻的优秀教师。

五年啊，整整五年的光阴！

生命中最美丽、最宝贵的时光！

有一种毛竹，在它一生的最初五年里，你几乎观察不到它的生长，即使生存环境十分适宜也是如此。但是，只要五年一过，它就会像被施了魔法一样，开始以每天0.6米的速度迅速蹿高，并在六个星期内长到58米的高度。当然，这个世界上是没有魔法的，毛竹的快速生长依赖的是它那长达几千米的根系。其实，早先看上去默默无闻的它只是在壮大自己的根系，它用五年的时间积蓄能量，武装自己，最终创造了属于自己的神话。

五年的时间里，年轻的我如幼小的毛竹一样，无人关注、无人喝彩！虽处僻壤陋巷，然而并不气馁，不断地汲取着生命成长必需的养分，不断为自己积蓄着人生的能量。天道永远酬勤，荣誉纷沓而至，直至今日沉淀成最甜美的回忆！

而今，二十年过去了，回望所来径，但见春暖花开，青竹挺立。我注定了要在这样一条不可能改变的道路上走下去。也许有时会有莫名的怅惘，会有些许的倦怠，但我会告诉自己：知足、从容、快乐、幸福，不后悔自己的选择和付出。而所有逝去的时光，都将在那有着淡淡斜阳的高山上青翠着，清纯而益然；在沉沉暮霭中，展现出一种永不改变和永远追求的幸福和美丽。

王本红

2010.8发表于《威海教育》

目 录

第一章　杏坛深耕地 …………………………………… 1

语文课堂，不仅是诗意和远方 ………………………………… 1
语文课堂，戴着镣铐的舞蹈 …………………………………… 8
化文为诗，语言赏析独辟蹊径 ………………………………… 12
小步轻迈，书声滴翠润韶华 …………………………………… 16
以写促读，培养深度阅读的能力 ……………………………… 20
活动体验，丰盈学生的写作素材 ……………………………… 24
微文写作，让写作训练循序渐进 ……………………………… 28
习作修改，让学生的表达更准确 ……………………………… 32
语文作业，也可以"色香味"俱全 …………………………… 35

第二章　教育沉思录 ……………………………………40

老师，你会当"园艺修剪师"吗 ……………………………… 40
老师，你的情感关注"断层"了吗 …………………………… 43
师者，人之模范也 ……………………………………………… 46

师德考验，无处不在 …………………………………… 48
角色扮演，在情境模拟中唤醒责任 ……………………… 51
故事讲述，在潜移默化中浸润心田 ……………………… 53
个案追踪，帮助学生走出困境 …………………………… 55
激励欣赏，引领学生快乐求知 …………………………… 57
双向奔赴，让爱余香久远 ………………………………… 60

第三章　心灵直播间 …………………………………… 63

向阳而生，在心灵的跑道上飞翔 ………………………… 63
悦读诗苑，在最美的年华相遇 …………………………… 67
每个学生，都需要被看见 ………………………………… 69
那份懦弱，是对生命的敬畏 ……………………………… 72
慢慢前行，终会快起来的 ………………………………… 75
习与性成，打好人生的底稿 ……………………………… 78
坦然面对，经历的一切都是财富 ………………………… 80
彼此成就，最高级的师生关系 …………………………… 82

第四章　读写实践园 …………………………………… 85

肖像描写，淡妆浓抹总相宜 ……………………………… 85
心理描写，中有千千结 …………………………………… 93
语言描写，闻声知人见个性 ……………………………… 99
动作描写，举手投足皆有意 ……………………………… 106
神态描写，一颦一笑总关情 ……………………………… 113

第五章　亲子成长苑 …………………………………… 122

步步为营，锻炼孩子的口语表达 …………………………… 122
规范训练，培养孩子的书写习惯 …………………………… 129
因势利导，浓厚孩子的阅读兴趣 …………………………… 136
精准发力，提高孩子的写作水平 …………………………… 143
顺势而为，丰富孩子的想象力 ……………………………… 149

后　记 ……………………………………………………… 156

第一章
杏坛深耕地

● 本章看点

《庄子·渔父》载:"孔子游乎缁帷之林,休坐乎杏坛之上。弟子读书,孔子弦歌鼓琴。"后人因而在山东曲阜孔庙大成殿前除地为坛,环植以杏,名曰"杏坛"。今人遂将教育圣地称为"杏坛",将教师称为"杏坛耕耘者"。教师们在这一方圣地,精研教法,锤炼本领,力争学有所成,教有所得。

从课堂教学到课后作业的设计,从文学作品的赏读到写作方面的指导,从社团活动的有效开展到对生活的体验……只要和语文学习息息相关的,都必将是语文教师细作深耕、不断探索的内容。横看成岭侧成峰,希望我的所悟所得能给读者带来一些思考和启迪。

语文课堂,不仅是诗意和远方

新课程理念下什么样的课才算好课?语文教学的最高境界是什么?这是很多课程专家和一线教师都关注的话题,也是我在教学中一直思考和探索的问题。

语文课要学生收获什么？

语言与精神和谐共生，"智慧"和"人文"一起发展，这样的语文课才能焕发出勃勃的生命活力，才算完成了语文教学的任务。

好的语文课，语文味一定要浓。

所谓的"语文味"，就是给人带来的不同于其他学科的浓烈的语感味，它应该是语文的主味、本味。课堂上教师要善于引导学生紧扣课文的关键性字、词、句及语段，去体验作者的喜怒哀乐，品味他们独到而深邃的思考；同时，由把握文章的思想内容"写什么"，转移到文章的语言形式"怎么写"。应该说，这才是语文与其他学科的根本区别。作为一名语文教师，应该时常反省自己：我们给了学生什么？一句话，就是应该让学生更多地在语文层面上学有所得，学有所获。

可是，在我们的课堂上，却有不少教师把语文课上成了思品课、历史课、生物课……，为情感而情感，为内容而内容，背离了语文教学的根本。

我们不妨比较下面两个课堂总结的片段——

片段（一）

师：学习了三毛的《胆小鬼》，大家有什么收获或启示？

生1：透过三毛的文字，我了解到作者对往事淡淡的怀念。

生2：我明白了即便通过不正当手段满足了愿望，也不会享受到满足之后的愉悦。

生3：我理解了父母对子女的爱与教育，有时是非常含蓄的，需要我们用心去体会。

师：通过同学们的交流，我欣慰地发现，大家真的长大了，成熟了……

片段（二）

师：读了《行道树》这篇优美的散文，通过刚才的讨论交流，你获得了哪些情感、思想上的启示或阅读、写作上的经验？

生1：读了这篇文章，我懂得了有时文章用第一人称来写，有利于表达自己的感情。

生2：读书的时候要用心琢磨、领悟词句在具体语言环境中的意思与作用。

生3：令我震撼的是，很多神圣的事业都如行道树，为人民的幸福牺牲个人的幸福，最终将收获更深沉的幸福。

生4：我知道了用对比的手法写事物，更能突出事物的特点。

师：通过学习，大家收获都不少。下面大家把自己积累的启示或经验写在笔记本上……

授课反映思想，细节折射理念。从上述两个片段，我们不难看出，后一位教师不只注重让学生理解作品的思想内涵，更注重有意识地引导学生懂得作者是运用怎样的语言去表现这些内涵的。而前一节课，就学生的回答而言，我们很难区分这是一节思品课还是语文课。这样的课堂，不再是展现语言对于语文课的美妙，而是单纯从它表现的思想意义出发了。当然，从人文性的角度来说，语文课堂应该是师生心灵的栖息地。语文课的意义绝不仅仅在于教给学生某种知识和技能，更重要的是，它通过一篇篇凝聚着作者灵感、激情和思想的文字，潜移默化地影响一个人的情感、情趣和情操，影响一个人对世界的感受、思考及表达方式，并最终积淀为精神世界中最深层、最基本的东西——价值观和人生观。而这种价值观和人生观，在我看来应该寓于工具性之中，是一种无声的滋润。

语文课的魅力在哪里？

在听课过程中我发现，很多课堂上学生并没有成为真正的主人。课堂上始终有一只有形或无形的手在牵着学生走。究其原因，很多教师解释说，课堂时间有限，学生自主探究既耗时又低效，不能如期完成教学任务。我们不得不承认，很多时候是教师低估了学生的潜在能力，担心他们走弯路，因此不给他们尝试的机会，长此以往，学生潜在的创新思维就这样被教师们的"好心"给扼杀了。其实，语文课的最大魅力在于师生平等对话，通过思想的碰撞、心灵的交流，彼此都能感觉到生命活力的涌动，都能得到自由和谐的发展。

曾听过一位名师执教《与朱元思书》——

学生刚刚接触课文，教师就请一名同学当小老师范读。接着教师边示范边做解释："开头两句'风烟俱净，天山共色'，应当显得特别大气，眼界非常宏观；中间两句'从流飘荡，任意东西'，要显得特别自在；而'自富阳到桐庐，一百许里，奇山异水，天下独绝'应当带着欣赏的态度，非常陶醉。"

这位教师将自己对文本的解读与体验强加给了学生，代替、束缚了学生的思维。事实上，学生初次接触一篇课文时，教师大可不必忙于范读，可放手让学生先按自己的理解去读，有时学生真的能读出不同的味道来。也许一开始的时候会慢一些，但是，走一步，再走一步，相信会越来越好。英国哲学家培根有句名言"慢点，你就会快起来"，说的就是这个道理。

我们再来欣赏下面的课例片段——

教完余光中的《乡愁》之后，教师请学生朗读席慕蓉的《乡愁》，并比较两首诗的异同。

生1：这两首诗都表现了作者的乡愁。

师：不错，这确实是两首诗的共同点。除此之外还有吗？

生2：两首诗都运用了比喻。

师：是的，乡愁本来是抽象的，作者借助具体的形象把它表现了出来，引起读者的联想和想象。

生3：我觉得两首诗在形式上不一样。

师：能不能具体说说？

生3：余诗分了四节，每节的句数和字数基本上一样多，看上去比较整齐；而席诗看上去参差不齐，却错落有致。

师：说得非常好，还有吗？

生4：席诗表达感情比较朦胧含蓄，余诗比较直接清晰。

师：同学们说了这么多，老师也忍不住想说说自己的感受。我觉得这两首诗风格不一样，如果把余诗比作是一杯陈年老酒，那席诗就是一杯温热的咖啡……

在这一课例中，教师已经不只是知识的传播者了，更多的是一名参与者、引导者、升华者，教师把发现和探究的权利给了学生，同时不着痕迹地及时引导、适时强化。《礼记·学记》说"善问者师逸而功倍"，其实，善教者何尝不也是这样呢？

值得一提的是，只有少数学生在展示才华的课绝不是好课。"万紫千红才是春"，真正的富有魅力的好课，是能够让绝大多数甚至所有学生都积极主动地参与到教学活动的各个环节，让不同层次的学生都学有所得。

语文课最精彩的部分在哪里？

在上课和听课时我还发现了一个惊奇的相似之处，那就是很多华彩并非教师人为导演的高潮，而是教师随着教学环节的调整变化自然流淌的教学智慧，是师生在不可预知的情况下迸发的思维创新火花，是课堂活动中不可复制的乐章。可以说，语文课最精彩的部分是生成而不是预设。所以，教师除了应该有自身对文本的解读体验，有对学生解读文本的多种假设，还要把握好课堂上生成的新的教学资源，有效引领学生踏上与作者心灵对话的"通幽竹径"，进入"禅房花木"的深处。

例如一位教师教《女娲造人》，师生解读女娲形象的时候，学生主动质疑，生成了新的课程资源。

生1：女娲到底是男的还是女的？

生2（马上接口）：当然是女的，都写了"她"了；而且孩子们管女娲叫"妈妈"呢！

师：有道理，你很善于从文章中找依据。

生1（继续问）：那女娲为什么是女的？

师（环顾教室）：问得好，谁能帮他解答？

生3：因为母亲生孩子，女娲创造了人，所以她当然是女的了。

师：刚才那位发问的同学问得好，现在这位同学解答得也非常妙，他们能从不同的角度积极展开思维，希望大家继续以这样的状态来学习。

生4：那女娲为什么要用土造人，而不用其他东西来造人，比如石头？

生5（静思之后）：因为土是软的，这样才能够捏。

生6：因为土是黄色的，而中国人是黄皮肤的，所以用土来造人。

生7：因为我们的心是柔软的，如果不用土而用石头，那我们不都成了铁石心肠的人了吗？

师：同学们的思维非常活跃。我们说，大地啊，母亲！是泥土养育了万事万物，古时候的人可能就这么想——最初的人是泥土生养出来的呢！

在上述生成片段中，尽管由于教师的肯定激励了学生的求异精神，学生的回答也可谓精彩纷呈，但课堂也由此留下了遗憾——预设的活动环节"神话故事里想象和现实的关系"因课堂时间的限制被教师删除。其实，在学生质疑的时候已经牵涉到了想象和现实的关系——母亲生孩子，中国人是黄皮肤，心灵如土一般柔软，这些都充分体现了想象是在现实生活的基础上创造出来的！可是由于教师没有把握好生成的课程资源，导致预设目标的流失。如何在生成的基础上完成预设的目标，或者如何在预设的基础上，师生和谐互动，使预设与生成相映生辉，就成为我们探究的重要内容。

语文课要追求什么？

"人，诗意地栖居于大地"，这是德国大诗人荷尔德林流芳百世的名言。我想，我们的语文课如果能够让学生诗意地栖居于课堂，那应该是我们追求的最高境界。这种课堂需要的不是表面的热闹，而应是思维层次的活跃。文本才是教学之本，课堂活动要聚焦文本，师生都需要潜心涵咏，浸润其间。朱熹讲："大抵观书先需熟读，使其言皆若出自吾之口；继以精思，使其意皆若出于吾之心，然后可以得耳。"要让学生真正地由文本进入作者的内心世界，除了要提供给学生必要的朗读机会，还需要给学生提供静悟的时间。学生在静读、静思、静品中会恍然"小楫轻舟，梦入芙蓉浦"；教师也会倾听到生命的拔节之声，感觉到花朵自然而美丽地绽放。

因此，一节好的语文课，应该给学生感悟与思考的空间，让他们学会独立思考，成为有思想、善想象、敢创新的人，相信这样的课堂虽看起来平实无华，却能带给我们感官与心灵双重美的享受，犹如"掬水月在手，弄花香满衣"。

但是，不少课堂却充斥着热闹和华丽——

一位教师教学《背影》。课堂从播放朱自清的照片、简介导入，而后以歌曲《父亲》激发学生进入情境；学生谈了感受之后，进入课文的阅读。为理清"我"的行踪，教师请学生拿出地理图册，小组合作查找行踪路线；在欣赏精彩语段的时候，教师先播放父亲爬月台的背影课件，后请一个与父亲体形相似的同学来表演，再结合文章思考、交流对父亲背影详细描写的原因……

这样的课堂，让原本无声的文字几乎全部还原成了有声的画面，剥夺了学生想象的心灵空间，又怎么奢望激发学生清亮的思想与涌动的灵感？

还有的课堂，只有虚假的小组合作教学，没有真正各抒己见的声音，没有讨论的深度和广度；刻意追求诸如"是不是""美不美"这样"群体回答"的完美效应，导致"只见学生应答，不见学生发问"的局面。场面热热闹闹推进的同时，课堂也走向了肤浅与浮躁。

我们的课堂追求应该是表面的波澜不惊，内心的激流涌动。相信具有真正审美品格的诗意课堂，也会宛若雨后的彩虹，生动而不做作，美丽而不浮华。

当然，这需要教师有丰厚的文化底蕴和教育智慧。基于这一点，可以说，充满语文味的好课，将越来越属于学养深厚的人。学养深厚的人，对文本的解读往往既到位，又不乏独到的见解，能给学生高屋建瓴的启示，从而使课堂得以无限地拓展、延伸……

语文课堂，戴着镣铐的舞蹈

随着课程改革的深入发展，地区和校际之间，各类优质课及研讨会使语文教师彼此相互听课的机会日益增多。在此，我结合执教威海市课改公开课的情形谈谈自己的反思和体会。

镜头回放（一）

"看样子同学们已经读得差不多了，下面首先来看看大家的字词掌握情况。同学们请看大屏幕，（停顿）谁来读读？"在同学们疏通完课文内容之后，我适时提出了这个问题。

同学们一个个举起了手，一脸的渴望与紧张。

"于海宝。"我点到了角落里的那个敢于发言但成绩欠佳的调皮男生。

"千万出点错，这样我精心插入的多媒体'辨字环节'才派得上用场。"我心里不停地念叨。

但事与愿违，他竟读得流利又准确，读完还骄傲而快乐地看向了我。

"很好。"我觉得这句以前说起来很动听的评价，此时是那样生硬，我感觉自己的脸比太阳还红。

反思：新课改告诉我们，在课堂教学中，教师是学生学习的引导者、帮助者。回想起来，在我的潜意识里教师是课堂"主宰"的思想是那样根深蒂固。课堂本应是不可重复的师生激情与智慧综合生成的舞台，可是我总是不自觉地把自己摆在主角的位置上，并根据成人式的假想逻辑，一厢情愿地编制着虚拟的教学程序，学生只是配合教师演绎教学过程，这样势必会违背课程的终极目标。我为自己的脸红而脸红。

镜头回放（二）

学生们的小组合作学习投入又充满激情，在错落有致的争辩中，我听到在听课的王义君主任问优秀生姜腾："你预习课文了吗？""没有。"学生的目光不自觉地投向了我。我的心骤然冷却下来，怎么没预习呢？虽然我没有布置预习任务，但大家已早早知道了公开课上要学的课文，一双双小手不知翻了几遍书！学生善意的谎言，再次让我冷汗淋漓，热闹的教室里我的心里却是说不出的难过，为我无辜的学生们。

反思：我曾听过各级各类型的语文公开课，非常厌恶教师在上课之前先进行"彩排"，演练台词、板书，教学生回答问题，待到上课时"得心应手"，博得观摩者的掌声和喝彩。我私下里认为，这是教育界的假冒伪劣产品，势必对学生的心灵造成恶劣的影响。不真实的课堂是没有生命力的。语文公开课的生命在于真实，这是我们每个语文教师都应该注意的。李白诗云："清水出芙蓉，天然去雕饰。"这是对自然真实、质朴无华的艺术美的赞誉，同时也是我每一堂语文课努力追求的艺术境界。

这一节课为什么我并没有指挥学生说假话，学生却说了违心的话呢？我想起了上课以前的那段时间，过多地向学生暗示了这节公开课的重要性，学生的心灵无形中已经承受了不能承受之重，这时他们的课堂表现已经不是自然状态了，"作秀"的思想在他们心里悄悄生长。当我们的学生将注意力投放在追求天衣无缝地迎合教师，追求揣摩教师的心理，这样一堂课对于学生的影响已经不是一般意义的课堂了，它会对学生的心灵与品行产生深远的负面影响，那又怎么再谈教学活动成为激发学生灵感的源泉呢？

镜头回放（三）

"也许刚才的品读已经触动了你的心灵，放飞了你的思维，那么请你联系你做过的或平日见到的有关人与动物之间的事，谈谈你新的认识。"在学习了课文内容后，我水到渠成地建构了这样的说话内容。

大家畅所欲言，或谈对动物的爱，或谈对生命的认识，时间在不知不觉间流逝，可是同学们的眼神里依然流露着交流的欲望，但对不起，老师还有一个小小的环节没有进行呢！望着同学们失望的眼神，我的汗又涔涔地流了下来。

反思：刚刚要试图放手让学生在课堂里率性交流，又因为担心时间不够而无情地打断学生的精彩表现。之所以这样，是因为顾虑太多，既要兼顾语文的工具性和人文性，又要考虑下一环节学生的自主质疑与解答，以及个体探究与合作学习。为什么不能顺势而为，即兴创造课堂的华彩乐章呢？教学是一项创新性的工作，上课是一种基于师生互动的实现教学目标的生成过程，它带有强烈的灵感意味与即兴色彩。而教师只注重教案的完美演绎，而忽视学生的参与发展；只看重表面文章而忽视其真正的内涵，怎么能奢望学生能够思维灵动与才情飞扬呢？

其实，这样的教育细节在课堂中并不鲜见。随着课改的逐步深入，学生主体性学习的能力也得到不同程度的提高，他们已经不再满足于解决教师提出的问题，课堂上也常常出现这样的对白：

师：大家还有什么问题和意见？
生：我认为（或我想知道）……
师：这个问题很好，我们下课后再来研究……

然后，老师就按照预先设计好的程序我行我素，真不知学生的课余有多大的时间和空间。反思之后，我终于明白了良好的教育在敞开与自由之间。我应坚持把课堂还给学生，让课堂真正焕发出生命的活力；把说的权利还给学生，让学生能够畅所欲言；让他们用心灵感受智慧的高妙。语言是活性的，也只有在这种真正"自由、开放"的课堂上，语言的活性才能得到滋养，得到培植，得到生成，得到发展，最后语言的活性才能成为人思维的活性，成为人心灵的活性，成为人创造的活性。

这就是我公开课上的一次脸红，两次流汗。每每想来，如坐针毡。它们催我自新，促我奋进，让我在痛楚的思索中不断成长。它们让我明白，语文课堂既要遵循教育的规律，又要适应时代和环境，既不能把镣铐砸了去跳舞，也不能只戴着镣铐而忘记了跳舞。如何在"镣铐"和"舞蹈"间找到平衡，是语文教师也是所有的教育者都要潜心探究的问题。

化文为诗，语言赏析独辟蹊径

作家在写作小说时有意识地融合诗歌的一些手法，让作品具有诗歌的某些特征，这样的小说被称为"诗化小说"。这类小说不注重叙事功能，不以情节冲突来塑造人物性格、揭示小说主题，而是重视创造意境，通过特定氛围、场景的描写，来表达丰蕴的哲理意味。早期的何立伟正是"诗化小说"的积极实践者。下面，我结合具体例子谈谈诗化小说如何利用"化文为诗"的方法进行语言赏析。

何立伟在表达他的创作体验时曾这样说："可能与我写过诗并且热爱诗的个性有关，我想把小说也写出古典诗词的意境来。尤其是回忆往事的时候，内心深处总会有一种细腻的、敏感的、近乎忧郁的情怀，像月水一般慢慢浸渍了出来。"带着这样一种情绪，何立伟开启了小说《白色鸟》的创作。为更好地理解这种诗化小说的艺术魅力，在课堂教学中，我们可以尝试用"变形赏析"的方法来引导学生体会这种文章的语言特点。

所谓"变形赏析"，就是在赏析文学作品的时候，改编文字的表达形式，然后和原文进行比较，从而体会语言的精妙之处。它常见的表现形式有化文为诗、化诗为文。其中"化文为诗"，就是把通常意义上的表述性文字转化成诗行的形式，并配以音乐，师生分工朗诵。

那白皙少年，于默想中便望到外婆高兴的样子了。银发在眼前一闪一闪。怪不得，他是外婆带大的童年浪漫如月船，泊在了外婆的臂弯里。臂弯宁静又温暖。

在赏析这段语言时，我们不妨指导学生尝试做一下变形赏析。

> 那白皙少年
>
> 于默想中
>
> 便望到外婆高兴的样子了
>
> 银发在眼前一闪一闪
>
> 怪不得
>
> 他是外婆带大的童年
>
> 浪漫如月船
>
> 泊在了外婆的臂弯里
>
> 臂弯宁静又温暖

通过赏析,我们不难发现在这个语段中,作者借着"外婆""银发""月船""臂弯"这些虚实相间的意象,恰到好处地营造了一种美好、浪漫、温馨的氛围。学生反复吟诵,就会形成丰富的联想,眼前仿佛出现了一个慈爱、善良的外婆形象,体会到文章中所描写的宁静、美好的意境。这样的化文为诗,可以将美好的语言显示得更加美好,美好的情感显示得更加美好。

诗歌的艺术魅力在"状难写之景如在目前,含不尽之意见于言外"(梅尧臣)。这"如在目前"的客观事物再现的便是实象,"见于言外"的由作者内心感受到的事物便是虚象。"化文为诗"可以让学生更好地体会语言的意象之美,如下面语段的变形赏析。

> 啪啦啪啦,这锣声这喊声,惊飞了那两只水鸟。从那绿汪汪里,雪白地滑起来,悠悠然悠悠然远逝了。

> 啪啦啪啦
>
> 这锣声

这喊声

惊飞了那两只水鸟

从那绿汪汪里

雪白地滑起来

悠悠然

悠悠然

远逝了

何立伟汲取了古诗在音韵、节奏上的一些特点，多用短句，长短句相间，善用叠音词，形成了独特的诗歌节奏和韵味。这样的文字，在小说中俯拾皆是。如："在那边，白皙的少年看见了两只水鸟。雪白雪白的两只水鸟，在绿生生的水草边，轻轻梳理那晃眼耀目的羽毛。美丽。安详。而且自由自在。"

在赏析中，教师指导学生运用"化文为诗"的方法，能够引导学生更好地体会作者面对白色鸟飞走时的留恋和不舍之情。与前面所极力渲染的宁静和美好的氛围形成强烈的对比，用诗化的语言极力渲染美，一方面是用来衬托美的毁灭，同时，也衬托了极大的丑，从而产生震撼灵魂的悲剧效应。正如鲁迅在论及悲剧社会性冲突时指出的那样："悲剧是将人生有价值的东西毁灭给人看。"

《白色鸟》这篇文章还有许多语段适用于这样的变形赏析。在赏析课文时，教师指导学生将这些语段化文为诗，按照节拍进行朗诵时，就会感觉到，这些有着诗的意境、节奏和音韵的句子，散发着文字的芬芳，燃烧着情感的火焰。作者隐藏在文字背后的思绪，就会在学生的反复吟咏中被不知不觉地体会出来，让单一的语言赏析也变得摇曳多姿起来。

其实，不仅仅何立伟的《白色鸟》可以用这种赏析方法，许多其他作家的作品也都可以。例如，现代作家萧红的《祖父、后园和我》（节选自小说《呼兰河传》），用诗一般的语言倾诉了作者对故土和童年美好生活的向往与怀念之情。在这里，萧红遵循着她一贯的创作特点，打破常规，不追求故事情节的曲折蜿蜒，也不追求人物形象的典型突出，其叙述语言与传统小说的叙述语言完全不同，充满了诗化的语言特点。

我们可以指导学生对下面这个语段进行变形赏析。

花开了，就像花睡醒了似的。鸟飞了，就像鸟上天了似的。虫子叫了，就像虫子在说话似的。一切都活了。都有无限的本领。都是自由的。倭瓜愿意爬上架就爬上架，愿意爬上房就爬上房。玉米愿意长多高就长多高，他若愿意长上天去，也没有人管。

花开了，
　　就像花睡醒了似的。
鸟飞了，
　　就像鸟上天了似的。
虫子叫了，
　　就像虫子在说话似的。
　　一切都活了。
　　都有无限的本领。
　　都是自由的。
倭瓜愿意爬上架就爬上架，
　　愿意爬上房就爬上房。
玉米愿意长多高就长多高，
　　他若愿意长上天去，
　　也没有人管。

15

你看，萧红的小说用这种自由的现代诗一样的"童言"来叙述，虽无助于情节结构的引人入胜，但别具韵味，写出了"我"童年时代对童年依稀美好往事的无限怀恋，对自由生活的向往，如诗如画一般。仔细品读，我们不难发现萧红通过选择独特的节奏和富有韵味的语言，"花开了，就像……鸟飞了，就像……虫子叫了，就像……"，一唱三叹，完成了从句子到句子，从段落到段落直至整个篇章的结构安排，并表现出舒缓、忧郁的美感，在散文化的优美意境中表达出其寂寞人生的酸甜苦辣。同样，在阅读中利用变形赏析化文为诗，也更有利于赏析作者这一独特的语言表达特色。

这种富有意趣的赏析方法同样适用于那些语句简短、音韵和谐，或阳刚或柔美的文字。如，高尔基的《海燕》、闻一多的《最后一次演讲》，还有林清玄的《心田上的百合花开》，等等。学生通过进行"化文为诗"的练习，也能更清楚地体会文章的语言特色，理解作品所表达的主旨。值得一提的是，有些作家的诗词作品也适宜于通过"化诗为文"的方法，反复咀嚼揣摩，反向体会诗词凝练含蓄、意蕴深厚的语言特点。

小步轻迈，书声滴翠润韶华

在教学实践中，不少语文教师已经有这样的共识：只听老师滔滔不绝、不闻学生书声琅琅的阅读课，不是好的语文课。可是，实际的课堂教学中，由于部分教师并没有对朗读教学做足够的重视，不少学生的朗读或结结巴巴、语如断珠，或声音细小、不重节奏、乱断词句，更别提有感情地朗读了。而能用普通话正确、流利、有感情地朗读课文，正是《语文课程标准》的总目标之一。"正确、流利、有感情"这三方面的要求，不能互相分割，分别要求。

如何一以贯之，又在不同阶段对朗读教学训练有所侧重，循序渐进提高学生的朗读水平呢？我围绕朗读教学目标分解进行了探索和研究，下面是具体的做法。

一、根据年级及教材编排特点，对朗读目标进行细化分解

《语文课程标准》阅读教学建议中指出："各个学段的阅读教学都要重视朗读。"教育部基础教育司在《语文新课程标准解读》中，对朗读的目标要求在各学段的表述分别是这样的："低年级，学习用普通话正确、流利、有感情地朗读课文；中年级，用普通话正确、流利、有感情地朗读课文；高年级，能用普通话正确、流利、有感情地朗读课文。"粗略地看，这三个表述几乎是一样的，但仔细看，可以发现它们的表述还是有细微差别的。根据这个解读，我对不同学段的学生进行了朗读教学目标设计。低年级（初一、初二年级），侧重"学习用普通话"，重点落实细化学生如何在教师的指导、示范下用普通话朗读，关注学习的过程。中年级（初三年级），侧重"用普通话"，重点落实细化使用普通话进行朗读实践的过程，并要求形成用普通话朗读的习惯；高年级（初四年级）侧重"能用普通话"，重点落实能力上的达成度，具有用普通话正确、流利、有感情地朗读课文的水平。

二、根据课文学习进程，对朗读目标进行分步递进设计

由于缺乏经验和方法，我经常看到这样的现象:当学生读得不符合要求时，有的教师只是简单地提一下"要注意读出感情"等要求后，让学生再读一次就过去了。长此以往，必将会影响学生朗读水平的提高。因此，教师备课时，就要把"朗读"目标细化到一篇课文要读几遍，每一遍要用什么方式来读，为什么要采取这种方式读，准备达到一个什么目的，哪些句段要重点读，应该怎样指导学生进行多样化的朗读等。范读、赏读、抽

读、分角色朗读、齐读等形式交替进行，给学生以新鲜感。

在具体的课文教学时，教师可以通过不同的朗读形式对目标的完成渐次展开。"散读"，在学生学习课文之前进行，一个班的学生的朗读水平和理解能力是参差不齐的，在讲读之前，学生可以随意根据自己的朗读水平或快或慢地读，便于学生一边读一边思考。"赏读"，宜在讲读时进行，学生单个朗读，教师能清楚地了解到学生对课文的理解程度，从而在讲读时对症下药，及时点拨。"分角色朗读"和"演读"，应该在讲读课文之后进行。讲读课文之后，学生理解了内容，分角色朗读时学生才容易进入角色，朗读的质量才高，教师才能更好地帮助差生正确地理解课文。

例如，《破阵子》一课的朗读教学步骤可以设计成四个环节的朗读，从而较好地实现分步递进的朗读指导。

散读：自由反复诵读，整体感知辛词风格。要求读准字音，声音响亮，形成课堂诵读氛围。

齐读：点拨部分断句，要求读对句读，字正腔圆。

赏读：结合主要问题，在理解词意感情的基础上指导朗读，要求读出情味。

演读：以小组为单位自主设计诵读方式，表演诵读。

期间，教师如果要范读，备课时，范读哪些语段，怎样读，为什么要范读，都要做到心中有数。我们不妨这样表述范读目标：教师通过范读，引导学生"身临其境"，与作者在情感上产生共鸣。

三、根据学生发展情况，对朗读目标进行分层达标设计

不可否认，朗读教学中学生存在着一定的差异。为了让不同层次的学生都获得有效的朗读指导，达到相应目标，促进学生朗读能力的提高，

我尝试以"分层设标，拓展提升"为理念，开展既面向全班、又面向个人的，既有统一活动、又有区别对待的分层朗读教学活动。

根据课程标准的要点，结合学生发展情况将学生分成以下几个层次：

A层：有良好的语文素养，对语言文字有高超的领悟能力，能够做到有感情、流利地朗读文章。

B层：有一定的语文素养，对语言文字有一定的领悟能力，基本能做到有感情、流利地朗读文章。

C层：语文素养不高，语言文字的领悟能力不高，不太能做到有感情、流利地朗读文章。

D层：语文素养较差，对语言文字的领悟能力较差，不能做到有感情、流利的朗读文章。

在实践课堂中，这四个层次采用较多的是异质分组合作学习，即一个小组由不同层次的学生构成，在组内异质、组间同质的情况下，学生在教师指导下通过互助合作，达到互补和小组间竞争朗诵的效果。教师在朗读教学的活动与步骤中都着力创造条件，为学生提供达到本层次的目标和更进一个层次的机会，鼓励学生在达到较低层次目标的情况下，自觉、主动、积极地争取递进，争取"升层"。朗读教学中，无论哪个层次的学生，如果能在他原有的基础上提升，能深入理解文本，自信地朗读，就是一节成功的朗读指导课。对朗读有兴趣并"升层"的同学，我推荐进"朗读时光"；对于达到A层的学生，我鼓励他们积极参加"经典诵读"社团，进行生动表演式朗读，也就是演读。演读，是分层朗读教学的最高层次，有助于增强学生的自信心和成就感，使学生始终保持乐观的情绪和积极的心态，点染诗意课堂，提高学生的诵读水平。

有效的朗读教学活动的开展，陶冶了学生的情操与修养，丰富了学生的思想与知识，提高了学生的德育素养和语文素质。我和同事们选送的优秀节目，连续四年在威海市中小学诵读比赛中取得佳绩。在威海市第六届中小学生经典诵读比赛中,我们选送的经典诵读《中华词》获得中学组一等奖;在山东省教育厅组织的第七届"爱书人杯"中小学生经典诵读比赛中,我们的《凤凰涅槃》经过层层筛选,从近300个节目中脱颖而出,最终荣获一等奖,并参加了山东电视台教育频道的优秀节目展播。《齐鲁晚报》以"国学润韶华,书香溢校园"为题,《威海教育》以"经典诵读,在最美的年华相遇"为题对我和同事们经典诵读的开展情况进行了专题报道。

以写促读,培养深度阅读的能力

阅读与写作相辅相成,不可分割。在传统的"以读促写"的基础上,我们提出了"以写促读"。在这种阅读教学模式中,"读"是教学的目的与归宿,"写"是促进"读"的辅助形式。实践证明,"以写促读"的训练方法,有助于培养学生深度阅读的能力。

什么是深度阅读?从阅读理解层面来讲,能够简单理解作品表面上所呈现的意思,知道大概讲了一个什么内容,属于浅层阅读。我们平时的阅读大部分都属于这个层面。深度阅读则区别于浅层阅读,它是在不断理解作品内容的基础上所做的思考和感悟。比如在读文学书籍的时候,通过研究作品的写作背景、作者经历、语言风格,再结合自己的知识、阅历等,去思考和感悟作品,试图去发现作者文字背后的东西。不但知其然,还能知其所以然,能透过现象看本质。

那么,如何在教学实践中通过开展"以写促读"活动,培养学生深度阅读的能力呢?下面给大家介绍几种方法。

一、概要式阅读——把阅读引向文本的深处

概要式阅读方法，是快速把握文本全景的最佳方法。

提纲式：读一篇文章，要逐段地把作者隐含的提纲圈划出来，弄清楚文章的主要内容和作者的写作思路。我提倡学生采用文中语句和自己语言相结合的方式写提纲。如，一篇记叙文的提纲一般包括以下几个方面：题目、作者、内容要点、中心思想及详略的提示，等等。列提纲有助于明确文章的中心，理清文章脉络，抓住文章的重点内容。如，《背影》的提纲可以这样概括：《背影》是现代作家朱自清写的一篇回忆性散文，叙述了作者离开南京到北京大学，父亲送他到浦口火车站，照料他上车并替他买橘子的情形。作者详写了父亲替他买橘子时在月台爬上攀下时的背影，用朴素的文字，把父亲对他的爱，表达得深刻细腻、真挚感人，从平凡的事件中，呈现出父亲对他的关怀和爱护。

缩写式：对篇幅较长、内涵丰富的作品，可让学生先阅读名著，然后进行缩写训练。比如像《骆驼祥子》这样的名著，可以让学生先自主阅读原著，再根据自己的阅读记忆对全文或部分章节进行缩写，规定字数700字以内。这样，读完一部作品，就会对作品形成一个总体认识，并提高提取、归纳信息的能力。

思维导图式：名著阅读特别适合采用思维导图来提取精华，借助色彩、线条、关键词、图像等，运用图文结合的方式充分开发大脑的潜能，给自己的大脑一个回忆暗示，既节省了新书阅读的时间，又加强了阅读效果。我们摸索出了"名著阅读五图法"的思维导图模式，即梳理情节图、人物分析图、感悟收获图、思想内涵图和艺术特色图。"名著阅读五图法"，使学生阅读名著的思路与体会得到了清晰地展现。

二、批注摘录——把阅读引向思想的深处

批注法是古今中外最简便易行的读书方法。在传统的写写画画的基础上，我重点训练感想式批注、质疑式批注、联想式批注、赏析式批注、评价式批注等。通过批注式阅读，学生不但可以整理自己的思维，还可以找到读书的乐趣。

感想式批注：学生边阅读边写下对文章整体或者某方面的感受，有利于阅读时深入理解文章内容，把握文章主旨。

质疑式批注：学生带着疑问走入文本，与文本和作者进行深度对话，在对话中解决疑问，加深自己的理解，培养怀疑与探究精神。

联想式批注：学生在阅读时联系自己所学的知识、所积累的经验进行批注，有利于将知识归纳整理，做到触类旁通，真正把知识学活学透，并内化成自己的一种能力。

赏析式批注：学生对文章或名著中的具体内容、结构、写作方法、语言特色等提出自己的见解。这样做，不仅能进一步理解文章内容、把握文章主题，对于欣赏能力的提高也大有裨益。

评价式批注：学生用精练的语言从作品中的人物、事件、作品本身等各个角度，写出自己或褒或贬的评价并阐述理由。

以赏析式评价为例，学生阅读了《骆驼祥子》的有关章节之后，对"头不很大，圆眼，肉鼻子，两条眉很短很粗，头上永远剃得发亮。腮上没有多余的肉，脖子可是几乎与头一边儿粗……他不甚注意他的模样，他爱自己的脸正如同他爱自己的身体，都那么结实硬棒"这段文字可以做出这样的批注：这是一段简洁而又传神的白描式肖像描写，干净简练又富有情趣，紧扣年轻祥子的个性特征，写出了他的憨厚壮实、乐观、富有朝气与活力。

三、感想式阅读——把阅读引向现实的深处

感想体会，又叫读后感，指的是在读过一本书或者是看过一篇文章之后，记下自己的心得感受及启迪。这种感想式的文章，要先想想自身的主要观点，适当引用原文作例证，再联系自己的实际或社会现实，表达自己真实的看法、想法，力求写出真情实感来。尤其要注意的是，感想体会一定要建立在"读"的基础上，书读得越深越透，感悟就越丰富。这就像盖楼房一样，一定要先把桩打好。感悟丰富了，写读后感才能水到渠成。

还可以写评论文，就这本书发表一些看法，并把这些看法写成文章。凡与作品、作家有关的都可以评。一般可以从以下几方面来写：可以对作品的思想意义、艺术特色、社会价值进行分析评价；可以对作家的创作经验、人品学识进行总结评述；可以对读者的阅读进行指导；可以对作品本身的得失从各个角度来进行评论；可以结合作品的评论，探讨各种美学问题，等等。比如，读了《儒林外史》，教师可让学生写《〈儒林外史〉人物之我见》，让学生选择自己印象最深的人物进行分析评价。这样的评价性阅读能够让学生潜心会悟，辨识文本真味。

四、影视、研学辅助阅读法——把阅读引向情感的深处

影视辅助阅读法：在阅读原著之前，先让学生观看根据原著改编的影视作品，熟悉故事情节从而加快阅读速度，然后进行比较阅读。比如，让学生阅读名著《童年》时，可组织学生观看影片。通过观影，学生对《童年》的故事情节有了大体了解，并且对它产生了强烈的探究欲望。这样，在读书的过程中就可以针对不同的章节撰写读书感悟，或进行影视评论的写作。

研学助读法：为了深入阅读名著，将研学与读书有机结合的读书方法。比如，在阅读名著《红星照耀中国》时，学生受到了一定的革命传统

教育。此时，就可以利用当地的红色文化教育基地，组织学生研学并撰写红色主题征文。通过实地考察，学生对英雄精神感受更深，更有了探究红色名著的动机和热情。这样，学生既读万卷书，又行万里路，知行结合，相得益彰。

另外，还可以指导学生进行迁移性随笔写作。学生在阅读文本时，联想生活中类似的经历，借鉴文本的写法，把生活体验记录下来。比如，读了林清玄的散文《冰糖芋泥》，让学生回忆并记下亲人为自己制作某道美食的过程，精研文本的同时，又通过描写人间的烟火气，抒发出对亲人的回忆和眷恋。

"以写促读体系"考虑到不同年级学生的认知规律和思维能力，和阅读课程的开发一样，不同的年级应该各有侧重。初一、初二年级主要采用批注、摘录、迁移式阅读和概要式阅读，初三、初四年级主要采用感想式阅读和影视、研学辅助阅读。这样的"以写促读"训练既有层次和梯度，又尊重了学生的差异，层级推进，浑然一体。

古今中外经典名著，灿若云霞，辉耀千秋。阅读，这一用之不尽取之不竭的智慧源泉如云飘逸，如水澄澈，如友相伴。相信"以写促读"一定会随着优雅的韵律缓步铺展，将其智慧的光芒直抵学生心灵深处，让每个学生都能与书香为伴，且读且行且思，总有一日，会成为腹有诗书气自华的读者。远方还有远方，但爱书的我们，伴随着心灵的日渐充盈，终将成为我们自己喜欢的模样。

活动体验，丰盈学生的写作素材

如何关注学生的个性心理，激发他们充沛的写作内驱力；如何寻找有序而有效的写作教学策略，提高写作教学质量，是当前初中写作教学亟待解决的问题。在几年的探索中，我首先探讨了体验式写作教学的整体训练体系，然后完善写作能力训练，并将学生写作能力的训练和学生的活动体验紧密结合在一起，形成"系列化体验式写作教学"，取得了较好的成效。

"系列化体验式写作教学"中的"系列化"有两层含义：一是指写作能力训练的系列化，二是指学生活动体验的系列化。这样，一方面避免了写作教学东一榔头、西一棒槌的无序状态，另一方面又引导学生走进了生活，走进了阅读。因此，它是以写作能力训练为主线，以体验和阅读为两翼的系列化的写作教学训练体系，打破了课堂内外的界限，打通了生活与写作的联系，建立了一种大写作观，使写作成为一种真实的生活方式。

一、确定各年级整体的写作训练内容

写作教学的无序化，使学生写作一直处于耗时而低效的尴尬境地，因此，确定各年级整体的写作训练内容，让体验式写作教学有序开展至关重要。我们主要依照以下两个基本原则进行确定：一是课程标准和语文教材，二是学生的身心发展规律和写作教学规律。经过系统分析、全面调研及反复论证，我们确定了初中阶段各年级的写作能力培养点和整体的写作训练内容。

初一年级：写作能力培养点，培养学生的观察能力、想象能力、具体记叙和生动描写的能力；写作训练内容，一件事的叙事类记叙文、多件事的叙事类记叙文、想象类记叙文、叙事类记叙文中的景物描写、借景抒情的记叙文、写动物类记叙文。

初二年级：写作能力培养点，继续培养学生的观察能力、具体记叙和生动描写的能力，培养学生准确说明的能力；写作训练内容，继续训练叙事类的记叙文，一件事的写人类记叙文，多件事的写人类记叙文，介绍事物、程序和事理的说明文。

初三年级：写作能力培养点，继续培养学生的观察能力、具体记叙和生动描写的能力，培养学生严密议论的能力；写作训练内容，借景抒情的记叙文、托物言志的记叙文、综合运用多种表达方式的记叙文、读后感的写作、演讲稿的写作、一般的议论文写作。

初四年级：写作能力培养点，综合培养学生具体记叙、生动描写、准确说明、严密议论的能力；写作训练内容，综合训练各种体裁的写作以及各种应用文体的写作。

二、确定各年级具体的写作能力训练点

每一个年级的能力培养点和写作训练内容，只是对写作教学的宏观调控，在此基础上，还需要充分挖掘具体的写作能力训练点及与相关教材（包括美文、片段）的衔接点，然后将训练内容具体细化，有针对性地指导学生实施活动体验，并与后续的写作、评改阶段紧密相连。只有这样，才能实现真正意义上的系列化的体验式写作训练。

例如，在培养学生的观察能力时，我们针对不同年级分别进行了一件事叙事类记叙文、一件事写人类记叙文以及借景抒情记叙文与托物言志记叙文等内容的训练，相对应地确定了如下具体的观察体验及写作能力训练点：①观察事，首先要观察事件的具体过程，其次要观察细节和场面，另外还要思考事件蕴含的思想意义。②观察人，首先要细致观察人物的外貌、语言、动作、神态等；其次要观察人物做的事，通过人物所做的事来分析人物的性格品质；另外在观察时要特别注意细节。③观察景，首先要抓住景的特征；其次要调动各种感官参与；另外在观察时要带着情感，要善于展开联想和想象。④观察物，首先要抓住物的形态、特征、内在气质，其次要由内在气质等展开相似联想以言志。

三、确定各年级具体的活动体验内容

根据各年级确定的写作能力训练内容，我们注意引导学生将生活进行分割，充分调动学生五官仔细观察和体验生活，从而实现即时写作。我们分别从走进自然、实践天地、家庭缩影、校园漫步、社会万象、感悟人生、自我世界、读书思辨、想象世界等方面，围绕学生的兴趣点、关注点、情感点，选取贴近学生生活的具体的活动体验内容，并尽可能让活动体验内容的选择相对地呈系列化持续深入态势。

下面是初一上学期部分写作能力训练点及活动体验内容——

写清楚记叙的六要素：和父母合作做一件事，如堆雪人、包饺子等，用心观察过程并注意自己的心理感受。学习细节描写（主要是动作细节）和心理描写：拟订一份星期天的当家计划，A.打扫房间，B.买菜，C.做饭，D.洗衣服；根据计划进行一次当家实践。学习神态描写、语言描写、外貌描写：根据电视上播放的焦点、热点问题，和父母共同观看，边看边进行评论，来个仁者见仁，智者见智。学习场面描写：走进集贸市场，观察市场整体情况及买卖交易；参加某个大型活动（开学典礼、某某庆典等），观察活动场面并记录。善于写出事件的波澜：在课堂上开展猜词或进行成语接龙等活动，注意观察其中遇到阻碍的环节；观察学校或班级开展的一次比赛活动，注意体会最扣人心弦的环节。

当然，这些活动体验内容的确定不是一成不变的，我们会根据学生生活与社会环境的变化不断创新活动体验内容。如，在2022年春天，我增设了"冬奥爱国情""抗击新冠疫情的感人画面"的活动体验，让学生的真情体验与祖国荣誉以及人民的命运一脉相连。同时，我们还鼓励学生根据自己的兴趣爱好自定活动体验内容，使学生真正回归生活的本源，丰厚写作体验。

叶圣陶先生说："心有所思，情有所感，然后有所撰作。"写作是一

种受情绪、情感控制的文字表达活动，只有在深刻学生的思想、丰富学生的情感上有所建树，才能够在学生的内部世界形成一种写作的冲动，进而让这种写作冲动转化为写作行为。紧扣学生需求的活动体验，为学生的心灵成长带来了甘霖雨露；心灵丰满细腻了，学生的表达自然言之有物、情真意切，从而真正脱离无话可写的窘境。

微文写作，让写作训练循序渐进

时下流行的"微博体""微信体"，其实古今中外都有范本，如《世说新语》《菜根谭》《幽梦影》《舌华录》等。这些古代微文，或叙事，或描写，或议论，或抒情，每则都是言语能力的体现，是情趣智慧的展示。按此标准进行的写作，我们统称为"微文写作"。

日常教学中，教师如何指导学生进行"微文写作"训练呢？

"微文写作"训练通常是从一个细小的能力训练点切入，目标单一又整体联动。每次进行微文写作，训练点要相对指向唯一，初中学段每个年级要通盘考虑，有所侧重地训练学生的基本写作能力、文体写作能力、写作过程能力。微文篇幅简短又形式多样，一般情况下，每次写作以100~300字为宜；写作形式或前置训练，或矫正训练，或仿写，或写生活随笔；写作方法或记叙描写，或议论抒情。

一、仿写式微文训练，让学生的写作文采斐然

微文写作教学训练，是从阅读教学到写作教学的"短平快式"的对接。因此，要结合能力式写作训练体系，依据教材或课外有关文章，从语言表达、写作方法、表达方式等方面选择恰当的仿写点，指导学生依据仿写点进行训练，进而提高学生某方面的写作能力。

仿语言：语言是文章内容的基本载体，我们要善于捕捉文章中的雅词、佳句，及时指导学生揣摩、仿写，从而提高学生的语言表达能力。

日常教学时，我们可以选择那些典型的修辞句进行仿写，例如，《济南的冬天》一文中"山尖全白了……给山们穿上一件带水纹的花衣……微微露出点粉色"这段话运用了拟人、比喻的修辞方法，写出了白雪覆盖下的小山的美丽娇羞，我们让学生仿照这段话描写"雨后初晴的早晨"。我们也可以选择那些有特点的句式进行仿写，例如，《从百草园到三味书屋》中描写景物的句式"不必说碧绿的菜畦……也不必说鸣蝉在树叶里长吟……单是……"，我们让学生仿照这段话描写"校园一景""运动会场面"等。我们还可以选择那些用词很特别的语段进行仿写，例如《祖父、后园和我》一文，对后园描写如下："我家有一个大花园……蜻蜓是金的，蚂蚱是绿的，蜂子则嗡嗡地飞着……花园里边明晃晃的，红的红，绿的绿，新鲜漂亮……这榆树先啸，来了雨，大榆树先就冒烟了……"这段描写运用了一系列的表示颜色的形容词、叠词、动词等，让文章充满了诗情画意和浓郁的乡土气息，我们让学生仿照这段话描写"秋天的田野"。

仿写作方法：写作方法（写作技巧）是作者实现写作意图的重要条件，日常教学以及阅读过程中，教师要善于寻找那些运用了点面结合、动静结合、抑扬结合、叙议结合、对比衬托、虚实结合、托物言志、正面侧面、白描细描等写作方法的语段，让学生据此仿写，掌握这些基本的写作方法，并且将其创造性地运用于后续的写作实践。

如，朱自清先生在《春》一文中描写春花时调动多种感官，"红的像火，粉的像霞，白的像雪""大小的蝴蝶飞来飞去""野花遍地是……还眨呀眨的"是从视觉入手，"花里带着甜味儿"是从味觉入手，"花下成千成百的蜜蜂嗡嗡地闹着"是从听觉入手，写出了春花的美丽、繁茂和甜香。我们可以让学生调动各种感官，写"秋天的果园""春天的公园"等。

仿表达方式：表达方式是文章所使用的特定的语言方法、手段，是文章构成的一种形式要素。日常教学中，我们可以选择那些有特色的表达方式的句子让学生仿写。

如《音乐巨人贝多芬》一文，"他的脸上呈现出悲剧，一张含蓄了许多愁苦和力量的脸；火一样蓬勃的头发……深邃的眼睛略带灰色……长而笨重的鼻子下一张紧闭的嘴，衬着略带方形的下颌……"作者抓住贝多芬的外貌特征按照从上到下的顺序进行了比较细致的描写，我们可以让学生仿照这段话的写法描写某个人的外貌。例如，学习了《从百草园到三味书屋》，可仿照文中"扫开一块雪，露出地面……将绳子一拉，便罩住了"的语段来描写某个活动的过程；学习了《背影》，可仿照文中第6段父亲站台买橘子的外貌、动作描写，描写父母为自己做一件事时的情形；学习了《孤独之旅》，可仿照文中第36段暴风雨来临前的环境描写，写一段家乡风雨（雪）来临时的情形。

值得强调的是，作文训练中的"微点"从教材中来，到生活中去，这就在一定程度上发挥了现行教材对学生写作的示范作用。教师要对课文逐篇研究，寻找这些文章中的写作训练"微点"，然后把这些点分类汇总，从而确定出一套完整的、源自教材的写作训练"微点"。

二、生活随笔式微文训练，让学生的写作多姿多彩

生活随笔式微文写作，就是要求学生带着一双慧眼走进丰富多彩的生活，用灵动的笔描写多姿多彩的生活，打通生活与写作的通道。这种形式自古有之，《菜根谭》《阅微草堂笔记》就是很好的随笔式微写作。借鉴这些做法，我们设置了"百态描摹""瞬间刻画""真情表达""景色描绘""热点评论"等微文写作角度。要求学生每周至少写400字的生活随笔，根据教学需要，有时统一规定具体的写作内容，多数情况下学生是在上述这五个微写作角度内自选内容进行写作。"百态描摹""瞬间刻画""真情表达""景物描绘"这四个微文写作角度适合于整个初中学段，学生可以根据具体年级写作训练点的不同有所侧重地进行写作；"热点评论"这个微文写作训练角度在高年级要重点进行。

百态描摹：学生走进生活，认真观察形形色色的人物的独特外貌、衣着、动作，认真倾听不同身份、不同场景下的人物间的对话，用生动形象的语言描写那些不同性格的人物的肖像、动作、语言、神态等。

瞬间刻画：学生走进生活，留心观察发生在自己身边的那些感人的场景、令人印象深刻的生活片段，有选择地把自己的所见所闻描写下来。

真情表达：每个人在生活中都会有独特的经历，自然也会产生独特的情感体验，我们要求学生在一些特殊的节日时给亲人、师生、朋友、他人送上自己真挚的祝福，在经历独特的情感体验后抒写幸福快乐、悲伤难过之情及亲情、友情、师生情、爱国情等。

景物描绘：学生在细致、有序地观察山川湖海、花鸟虫鱼、风霜雨雪、日月星辰等自然景物之后，按照一定的顺序、抓住重点、细致地描写所观察的景物的特征。

热点评论：学生要有一双敏锐的眼睛，有正确的是非观，对发生在自己身边的事件和社会上发生的热点事件发表自己的意见看法。例如，我们要求学生对"中国式过马路""碰瓷""国人追星"等发表议论。

微文写作，有时只要完整表达一个意思即可，因此降低了写作难度。写作的形式灵活了，学生不再因固定的形式所限而对写作畏首畏尾，学生或者边学边写，或者随心而作、信手拈来，写作变成了一件很轻松的事情。于是，写作的兴趣大大增强了，虽然一次写作字数不多，但每天每周遇事就写一番评论，一次随便几行精美语言，累计下来，一周几篇作文的量就够了，学生就会越写越有兴趣，越写越有信心。可以说，抓实微文写作，既有助于学生写好整篇作文，又有助于在循序渐进中提高学生的写作水平，我们何乐而不为呢？

习作修改，让学生的表达更准确

在教学实践中，许多语文教师都有这样的切身体会：自己在批改作文时费心费力，但是发下去后学生往往看看批语就不了了之，白费了教师的满腔心血。叶圣陶先生也说过："我发现十几年来，辛辛苦苦地修改作文，所得到的结果是徒劳无功。"之所以会出现上述现象，主要原因是学生修改习作主体地位缺失，教师缺乏指导或指导方法不科学，学生没有养成修改习作的良好习惯。因此培养学生自主修改习作的能力和习惯已成为写作教学中十分必要和迫切的任务。

所谓"自主修改"，就是学生的习作不用教师改，自己就能自觉、主动地修改。"自主修改习作的习惯"，主要指学生在教师的指导下，能熟练掌握修改方法、运用修改符号对自己的习作进行自主修改并形成习惯。那么，具体如何做呢？

一、确定每年级的写作能力训练点，以此确定梯级自主习作修改训练点

首先按照写作内容把所有的修改点，分成叙事类、写人类、说明类、议论类、其他类等五大类；然后经过反复研讨，将每一大类又细分成若干小类，每一小类又依据写作能力训练点分在不同的年级进行重点修改训练。这样，确保习作修改点的训练呈梯级式渐次展开，避免了各年级重复或交叉训练。以初中学段记叙文写作能力的训练和修改为例，我们进行了下面的修改安排。

我们将记叙文训练分成叙事类作文和写人类作文。其中，叙事类作文细分为记一件"普通型"的事，记一件"事中寓理型"的事，记一件"讴

歌型"的事，记几件"普通型"的事四种。修改的相同点是都围绕着"突出详略得当，具体完整；学会围绕中心选择典型材料"。不同点是分别侧重修改"具体生动地叙述事件""是否能从事件中悟出深刻的道理""是否根据需要运用恰当的方式抒发感情""记叙顺序和文章结构"。写人类作文细分为"一件事写一人""几件事写一人""写一个人的成长变化""写历史上的一个人物"四种。修改的相同点是都围绕着"选材典型，运用多种人物的表现手法细致地刻画人物"。不同点是分别侧重修改"细节描写表现人物的性格、品质""事件的安排是否详略得当，是否分类条陈""记叙的顺序，详略得当的安排，写出人物的成长、变化""在现实的基础上是否进行合理的想象"。

二、构建"佳作评鉴——病文共改——个人修改——自我反思——师生评价"的五步法修改模式

通过理论研究和实践探索，我们尝试构建"佳作评鉴——病文共改——个人修改——自我反思——师生评价"的"五步法"修改习作模式。这种修改习作模式下，教师重在激发学生主动"改"，指导学生学习"改"，鼓励学生自己"改"，引导学生总结"改"，激励学生爱上"改"；促使学生能主动参与"改"，潜心琢磨"改"，反复实践"改"；发挥学生修改习作的自主性、互动性、能动性、合作性，促使学生提升修改能力，养成修改习惯。

具体来说，佳作评鉴即把本次训练点中的优秀习作，通过打印、投影、朗读等方式投放给学生，师生共同根据习作评改点有针对性评析这些佳作，让学生进一步学习借鉴其写法。

病文共改即找出本次习作训练中有共性毛病的病文，通过打印、投影等方式投放给学生，互相交流修改意见、方案，在此基础上，师生共同修改，或先个人独立修改，或先师友型小组共改，或先小组集体修改，然后进行交流。

个人修改即学生自己或师友型小组围绕学案中预设的评改点，在酌情兼顾作文中其他突出问题的基础上修改自己的文章或对部分内容进行重写。

自我反思即学生要从知识与能力、过程与方法、情感态度价值观三个方面有所侧重地总结本次写作训练全过程的收获，找出不足之处。

以上为第一种模式，根据具体的需要，还可以变为第二种模式："佳作评鉴（一）——病文共改（一）——佳作评鉴（二）——病文共改（二）——个人修改——自我反思——师生评价。"如果说，第一种模式适合侧重一个修改点的训练；那么第二种模式更适合当两个修改点同样重要时，分别从两篇佳作评鉴、病文共改中各找出可学习借鉴或病例剖析的地方，引领学生修改。

三、指导学生熟练掌握"增、删、扩、缩、改"五字修改法

要想捕鱼，就必须先要有捕鱼的工具。同理，要想让学生能自主修改作文，修改方法的熟练掌握必须走在前面。因此，我们在充分研究之后，确定了自主修改的常规方法，并在进行自主修改训练指导前，就明确告诉学生修改文章常用的五种方法，即：增、删、扩、缩、改。教师通过列举实例来解释这些方法，并示范如何运用修改符号进行修改。

具体来说，"增"即增加文章缺少的内容，"删"即删去文中与中心无关的内容，"扩"即对文中某一写作不细致的地方进行补充、发挥和扩展，"缩"即对文章中重复或需要略写的地方进行压缩，使之精练，"改"即对文章的标点符号用词用句或篇章结构进行修改调整。其中，"增、删"侧重于文章的内容方面，"扩、缩、改"侧重于文章的语言方面，"改"还侧重于文章的写法方面。

我们针对不同的文体，对学生熟练掌握"增、删、扩、缩、改"

五字修改法做了具体的指导，真正让学生有法可依。如，记叙性文体的"增"，原则上增加的是有助于表达中心的内容；"删"，删除的是与中心无关的内容；"扩"，扩写的是对人物形象描写不具体的地方；"缩"，缩写的是语言不简洁的地方和需要略写的事件；"改"，改动的是语言不生动，不准确的地方。说明性文体的"增"，原则上增加的是说明事物的部分特征和部分说明方法；"删"，删除所写事物不具有的特征和不必要的说明方法；"扩"，扩写的是对说明对象的某些特征。说明不明白的地方以及不具体的地方；"缩"，缩写的是说明不简洁的地方；"改"，改动的是语言不准确和说明方法运用不恰当的地方。议论性文体的"增"，增加的是某些分论点或论述的角度以及某些论据；"删"，删掉某些不必要的角度和不恰当的论据及分析；"扩"，扩写的是论据叙述过于简洁以及说理不透彻的地方；"缩"，缩写的是论据概括不简洁以及说理重复的地方；"改"，改动的是语言不严密以及分论点的顺序及论证的结构。

"文章不厌百遍改，千金难买回头看。"写作是个体的言语行为，所表达的也是学生个体对事物的独有认识。因此，习作评改是学生个体对自己独特感受的一种再认识，学生也是最具有权利的习作评改者，而教师的作用只是教给学生习作评改的方法。学生自主修改作文，不仅仅可以减轻教师的负担，而且确立了学生在写作训练中的主体地位，培养了学生思维分析和语言表达的能力，同时也能养成良好的写作习惯。

语文作业，也可以"色香味"俱全

"不做作业母慈子孝，一做作业鸡飞狗跳。"在各类社交软件中，这句话一度被网友拿来做自我调侃的话。在单元视角下，如何让语文作业成为一道"营养丰富"的大餐，让学生食指大动呢？我们尝试从以下三个方面入手。

一、丰富"原料"，为作业"增色"——在阅读训练中加强课内与课外的融合

对于传统的作业设计没有必要一竿子打死，它有时只要稍做变化就能起到以前不曾有的效果。在阅读训练中，可以尝试进行作业重组，保留与课文相关的训练内容，比较筛选与课文题材、体裁有联系的美文、时文，设计成能有效达成单元目标和课时目标的练习。这样不仅可以减少一些仅仅针对低水平目标、反复操练性质的作业的简单机械性重复，还能增加发展高阶思维要求的作业比重，减轻了学生不必要的作业负担。

示例：在设计初三上册第一单元"新闻阅读"作业时，我们围绕新闻这一体裁，融合课堂内外，按照目标达成的难易由浅入深设计成单元训练题库，任课教师根据各班学情自主选择，让学生进一步理解新闻的结构与特点，把握学习阅读新闻的方法，从而有效巩固课内所学的新闻知识。

在学习完《我三十万大军胜利南渡长江》《人民解放军百万大军横渡长江》之后，我们首先以选择题的形式让学生围绕这两则新闻的结构和特点做出判断；然后给出一则新闻（2021学年我们选用的是"孟晚舟乘坐中国政府包机顺利回到祖国"的新闻），找出它的导语部分，并为新闻拟个标题；接着让学生收看晚7点"新闻联播"，选择一个感兴趣的新闻写出它的六要素；最后请同学们为学校秋季运动会的新闻报道撰写导语部分。

通过课内与课外的融合，不仅巩固了学生的知识与技能，发展了学生的阅读理解能力，还落实了立德树人的根本任务，激发了学生的学习自信，培养了学生完成作业的兴趣。

二、加入"调料",为作业"增味"——在实践活动中丰富作业的类型与体系

初中学生以形象思维为主,所以他们更喜欢生动有趣味、鲜活有挑战的作业。我尝试围绕单元目标和课时目标,从学生的身心出发,找到他们喜欢的作业方式、方法,激发学生的求知欲望,从而让学生最大限度地感受到语文的魅力,带着一颗好奇心,快乐地去完成作业。

以口头表达类中的朗读训练为例,有效的朗读训练可以培养学生对文章的理解及提高他们对美的理解和感受,帮助他们树立正确的审美观,确保学生全面发展。可是很多语文教师为了追求学生的高分数,会忽视不能够直接体现分数、难以见成效的朗读训练。为让朗读类课后作业落地,我们设计了如下面这样的作业。

初二上册第二单元《秋天的怀念》《散步》《散文诗二首》是经典的母爱亲情文章。在课后实践活动中,我们以"母爱"为主题,让学生自主选择一篇关于母爱的名家名篇,了解作家生平及文章的写作背景,把握文章的感情基调,确定朗读的语气和节奏,体会作者的情感并朗读给父母听。在此基础上,听取父母的建议,录制朗读的视频在班级群里进行展示,然后评选出优胜者参加年级朗读者比赛。朗读比赛时,学生要先联系生活实际谈自己为什么选择这篇文章。在活动中,庄因的《母亲的手》、林语堂的《我的母亲》、林清玄的《母亲的冰糖芋泥》、毕淑敏的《孩子,我为什么打你》、季羡林的《永久的悔》,都成了同学们竞相朗读的名篇。

整个朗读作业我们围绕重要节日构建了相对固定的体系,如:你好,我的"李焕英";父爱有痕,书中读懂父爱;浓浓端午情,拳拳爱国心;童心向党,薪火相传;颂师恩,赞师美;歌唱祖国,向祖国献礼,等等。同时,每学年结合当年的时事热点增加主题,作为学校的特色作业传承下

去。这样的作业设计让学生走进了作者的内心世界，产生了深深的情感共鸣，真正受到了潜移默化的熏陶和教育，也让学生学会了感受爱和表达爱，拥有了丰满的精神世界和崇高的思想境界，有效达成了作业设计中的育人为本的目标。

三、适度"升温"，为作业"提香"——在写作训练中创新作业的内容和形式

写作是语文作业的一个必不可少的训练内容。可是提起它，几乎每个学生都愁眉难展。生活中有艰辛和磨难，也有顺境和坦途；有欢喜和愉悦，也有惆怅和忧伤；有内心的微澜和春心的荡漾，也有矢志不渝的追求和情感小屋的守望；有沐风栉雨的坚忍，也有春天里温暖浩荡的长风。生活如此丰富，学生却如此迷茫。为了让学生真正爱上写作，我们尝试通过情境创设、角度提示、生活体验等方式设计带有情感温度的作业。

示例（一）：初二下册第二单元的写作实践任务是：学习景物描写。要求能够学会准确、细致地观察生活，恰当抒发自己的真情实感，增强文章的感染力。结合单元学习目标，我设计了如下作业任务：

亲爱的同学们：

嗅一朵腊梅，在我眼前芬芳；拂一枝嫩柳，在我身畔飘扬；看一棵小草，在我脚下返青……最是一年春好处，绝胜烟柳满文登。小城里，田野间，小桥边，每一处春色初染的地方都留下了"胜日寻春"的身影。请你仔细观察并拍下你最喜欢的美景，为它进行"配文描写"吧！要尽可能抓住景物的特点，用上比喻、拟人等修辞方法，抒发自己融入自然的美好情感。

示例（二）：初二下册第三单元《阿长与山海经》《老王》《台阶》

这个单元的写作实践任务是：抓住细节。具体要求是真实、典型、生动。

我设计的写作实践作业是：母亲节就要到了，请你观察一下妈妈或者家人做事的前后过程，或者为妈妈或者家人做一件事，让妈妈或者家人因你而欢喜。

作业提交形式：拍一张相片，内容是你在为妈妈或者家人做事，或是妈妈或者家人的微笑，最好是相片上有你和妈妈或者家人；写下你为妈妈或者家人做事的瞬间，要有细致生动的神态、动作等角度的描写。

带着浓浓情味的特色实践作业，怎么能不让人心生欢喜呢？同学们在母亲节过后纷纷提交了高水准的作业：丰富多彩的相片——为妈妈送上了一束路边采的野花，帮妈妈解下发辫梳理长发，饭后帮家人洗碗、擦地，还有的是一家人面对镜头绽放的甜蜜微笑；生动鲜活的表达——镜头下的一个个原本寻常的画面，都被文字凝练定格成细腻美好的瞬间，驻足在学生的心头。

实践证明，相看两不厌的，唯有"好作业"。在今后的实践研究中，我还将尽量减少机械的抄写，设计学生能独立完成的个性化的"自助餐"，增加培养兴趣、体现能力的综合性"套餐"。既有短期效应的"快餐"，又有较长时期的"营养餐"，还有需要多名学生合作完成的"共餐"，让学生在巩固课堂旧知、主动探求新知的同时，促进学习能力与兴趣的二次提升。

| 第二章 |

教育沉思录

●本章看点

  师者如光,微以致远。大千世界,小到一棵蟹甲兰,一株垂杨柳,几只小燕子,都能在师者的心灵上有所投影;七彩校园,一句普通的师生问答,一个转瞬即逝的刹那,一节寻常的语文课,都可以让人回眸深思,从中得到有益的感悟和启迪。

  同样,作为语文教师,无论做什么,都要脚踏实地,从小事做起,从学生日常学习、生活中的小事抓起,把对学生的教育工作做细、做好。教师经过长期的努力、渐进的成长、点滴的累积,慢慢精进自己的业务,濡养自己的品行;而学生耳濡目染,自然也会渐如燎原之星火,照亮未来的天空。

老师,你会当"园艺修剪师"吗

  我春节返乡后带回了母亲精心培育的蟹甲兰。

  印象里的蟹甲兰非常容易管理,它的再生能力特别强。从它的身上取下一段茎,把它插在土里,就算是一株新的蟹甲兰了,而取下茎的地方,慢慢地也会在稍微向下一点的地方长出嫩茎来。因为很熟悉蟹甲兰的这个特点，只要看到它的长势越来越旺，甚至就要成为一只横行霸道的蟹的形状时候，我都会对它进行细细地修剪，把它修剪成我喜欢的花形。一般过不了多久，它就会长出比原来更粗壮的茎。直到有一天，当我再一次做了这样的修剪之后，没曾想它却枯萎了。我给它浇灌足量的水，把它搬到阳光里，也没有能挽回它曾经蓬勃鲜活的生命。

望着凋零的蟹甲兰，我百感交集。自以为很熟悉蟹甲兰的秉性，却没有想到为它剪去茎的经历会逐渐在它的体内积累而形成记忆，痛苦的记忆越聚越多以至产生了料想不到的后果。回想自己以往的教学经历，我是不是也经常犯这样自以为是的错误？是不是只看到了外在激励的扬长作用，却忽视了它在人格形成上的负面效应；只看到批评、惩戒效果的立竿见影，却忽视了它对学生心灵可能造成的伤害？

忽然，想起了那个很让我头疼的子威。

子威是班上一个很容易冲动的男孩子。爱大声说话，上课坐不住，常常一个人扰得四邻难安。老师课讲得正兴的时候，他觉得自己弄懂了就会不管不顾地翻开本子，开始写老师可能会布置的家庭作业，而在后面的练习中我发现他其实并没有真正学会；投以让他停止的眼色他却不理不睬，走过去提醒或用语言委婉地激励他，也只能安生片刻；时间久了，硬是好态度也磨成了粉笔屑，情急之中我便常常在讲课的间隙提高嗓门来做短促的警示，他倒也能在高分贝下极不情愿地停止自己的任性行为。直到有一天，同样的情形上演，却出现了不同的结局：子威扔下手中的课本，歇斯底里般大声吼叫，之后傲然挺胸走出教室——他居然不打算继续读书了。

不可否认，子威的性格是有缺陷的。他易于冲动的性格导致与他人相处时常常会格格不入，难以自控的性格让他与老师、同学产生了沟通上的障碍。然而作为一名老师，我不禁自问是不是就尽到了责任，想尽了一切办法呢？

看着眼前凋零的蟹甲兰,我真的为曾经的自己汗颜。想想这样的过失其实并非偶然,学生自习的时候进到教室,见到吵闹不守纪律的同学我便会大发雷霆,却没有对那些默默遵守纪律的大多数同学予以肯定;对待学生可能会因为他一天中连续多次违反校纪班规而给予严厉的批评,却从来没有在一天中连续几次给予遵守纪律的同学以肯定;在批评学生时我更多地考虑这样的批评会不会让他认识到错误的严重性,关注更多的是批评之后他改正错误的态度和效果,而很少能顾及这样的批评是否会伤害他稚嫩的心灵;我甚至不了解在此之前是否有人批评过他,更不知道他所能承受的批评的最大限度究竟是多少,最终的结果很可能就会像这株蟹甲兰一样,在一次看似平常的不经意的修剪之后,便彻底丧失了重新站立起来的勇气和信心。

我曾经了解过园艺师修剪果树的过程:他们在修剪的时候总会先观察后再修剪,观察并分清哪些是骨干枝,哪些是辅养枝,哪些是结果枝;会认真观察往年的剪口反应,判别修剪的轻重和树势状况,以便及时调整修剪方法。等到动手修剪时园艺师会先从大枝着手,对影响树形和光照的大枝,在处理时要综合考虑是否疏除,要持续关注树体修剪后的表现,如树势变化、发枝多少、结果量的多少等。正是因为园艺师们的精心修枝剪叶,悉心培育,才换来春季的姹紫嫣红,秋季的硕果累累。

作为塑造学生心灵的教师,我们同样需要为学生"量体裁衣"。不可否认,在一个班级里有品学兼优的孩子,也有"屡教不改"甚至顶撞老师的孩子。他们处于不同的家庭环境,智力、能力和习惯都有差异,在学校表现出的个性行为也有所不同,如果教师无视这些独特性和差异性,不明白改造是个缓慢的过程,不懂得循序渐进,以致矫枉过正,给"花木"们过度修剪又怎么能不让他们枯萎呢?

"三分修剪,七分管理。"只有思路清晰了,果树结构稳定了,果树修剪才能做到回缩有度,截缓自由,管理也能得心应手。这个道理,适用于园艺，也适用于学生。不知道母亲送给我蟹甲兰的时候是不是在向我暗示着什么，但无论如何，我还是从这株蟹甲兰身上获得了不寻常的启示。

后来，我找到了子威的妈妈，多方了解他的兴趣、爱好。知道他爱打篮球，一到球场上就成了一个激情四射、活力向上的男孩子，我把他推荐给了篮球社团的指导教师；知道他爱大声说话，我让他参加了我主持的"经典诵读"活动小组，让他在有技巧的诵读中体会语言的抑扬顿挫，体会让自己的嗓音适度的沉下来后的表达效果。上课的时候，再遇到他坐不住的时候，我会边讲课边走到他的身边，或者用手按按他的肩膀，或者抚抚他的手背，摸摸他的头。慢慢地，他能坐得住的时间越来越长，专注学习的持久性也越来越好。

子威在以肉眼可见的速度茁壮成长，我很庆幸我的及时改变。

花的心藏在蕊中。每一株花木都是有灵魂的，让我们用心做一个直抵花木灵魂的真正的园艺师吧！慎重对待手下的每一次修剪，真正让可爱的"蟹甲兰"们生机勃勃，一年更比一年壮！

老师，你的情感关注"断层"了吗

暑假闲来无事，坐看屋檐下燕子哺育幼儿。

四只雏燕，两只大燕。燕爸爸和燕妈妈相继而来，顺次而喂。我惊叹于它们的默契和有序。可是几个轮番下来，事情有了变化。有一只雏燕极不安分，每一次大燕来的时候，它脖子伸得最长，叫得最猛，也许它的强烈反应让大燕产生了错觉，燕妈妈徘徊了数秒，便把美味送到了它的口里，如是反复三次。最令人不可思议的是，后来这只雏燕居然挤到了另一边，与旁边的小燕儿换了位置，而燕爸爸和燕妈妈不明就里，顺理成章地继续把食物送给这只拼命叫着的雏燕，而其他相对安静老实的雏燕只能成为这一过程的看客。

大燕依然忙碌而快乐地飞进飞出,我静观其变,不由感慨万千。

世上的事情何尝不是当局者迷,旁观者清?观大燕哺幼,不觉联想到我做班主任的经历。

有一年学生毕业的时候,我收到了一名学生的信,信的内容如下(节选)——

敬爱的老师:

您好!升入初四那一天,我特别兴奋。因为您就是我慕名已久的老师,能成为您的学生,感觉三生有幸。而今,我就要离开校园,心中备感惆怅。在这一年的时间里,我几乎很少得到您的关注,印象里好像您从来没有找我谈过话。我多么羡慕那几个调皮捣蛋的"坏"学生啊,有时,我真想做一件闻名全校的坏事引起您的关注。老师,如果可能,我多么希望能成为让您倍加关注的学生……

您的学生大伟敬上

2010年7月

我至今还清晰地记得接到信的那一瞬间所受到的震撼。大伟是那种腼腆内向的男孩子,自觉遵守校规校纪,凡事认真完成;至于学业,毕竟因为智力与基础的原因,翘起脚尖恐怕也难以达到重点高中录取线,进普通高中却又绰绰有余。人的精力毕竟是有限的,我当时工作的关注点,更多的是影响班级秩序或违规的,性格有些叛逆难以调教的,家庭发生变故导致心理发展不太健全的学生,学习方面则更多关注的是重点高中和普通高中的临界生……

自古以来,会哭的孩子有饭吃,病孩子得到的疼爱往往更多。

我一向自以为能做到"公正、平等地对待每一个学生",每一年度的工作总结里都有这样的自我评定。因为我自认为没有因为学生的出身、学业、容貌等方面的因素而偏爱某一个学生；在我的课堂上，后进生得到的爱的目光甚至比优等生还要多。然而，我的情感天平还是不经意地出现了倾斜！

从什么时候开始，我们遗忘了那些各方面不特别好，也不特别差的"第三层"学生。他们说话不粗声粗气，举止比较斯文，性格不偏激，不喜欢出风头，不惹是生非，学习成绩还说得过去，以至于成为学子中最默默无闻，最容易忽视的第三群体，或叫"夹心层"。

事实上，这于他们其实是不公平的。

公平对待每一个学生是班主任最重要的职业品质。真正的公平是不论对哪个学生都一样，公正地接近每一个学生，并且尊重每一个学生平等受教育的权利。公正的道德品质要求教师在面对利益分配时能够"一碗水端平"，大到竞赛推荐、评优选先、干部任免，小到上课提问、安排座次、课下谈心……对每一个学生而言，这都是他们关注的核心。

面对奖赏惩罚与各种利益冲突，我们绝大多数教师能够践行公正，秉公处理。可是，我们却以冠冕堂皇的理由，不经意间倾斜了情感关注的天平：面对学生中的优势群体，我们更多的予以肯定与激励；面对学生中的弱势群体，我们施以更多的关爱。这些做法都无意间剥夺了"夹心层"学生享受教师关注的机会。

那受冷落的雏燕最终飞离了大燕的暖巢，我的学生大伟现在也应该成家立业了，不知道那道曾经的伤痕是否已经愈合？作为一名班主任，面对每个独一无二的鲜活个体，面对每双清澈而纯真的眼睛，请让我们慎重对待每一个无心或有意的行为，哪怕是一次轻轻的抚摸，一个浅浅的微笑。

师者，人之模范也

初春的风开始温情起来，柳枝也开始飞扬起来。

看到那荡漾在枝头的青青颜色，心底那软软的柔情也渐渐弥漫，似乎那满眼深深浅浅的绿，青盈薄翠得能够滴出水来。

古人之爱柳，是有着丰富的感情的。有人说，"一树春风万万枝，嫩于金色软于丝"，这是人们爱它的柔媚；"世间纵有无穷树，唯有杨柳管别离"，这是人们爱它的多情；"楼外垂杨千万缕，欲系青春"，这是人们爱它的浪漫；"别离江上还河上，抛却桥边与路边"，这是人们爱它的随意与适性；"有心栽花花不开，无心插柳柳成荫"，这是人们爱它的平凡与坚韧。柳，就这样步入了多情文人心，走进了寻常百姓家。

我喜欢在天高云淡的日子里，在无风的日子里，静静地端详那垂立着的杨柳。那沉默的杨柳，如一影深沉的梦，悄然嵌印在高远的蓝天之下，恰如一个沉思的哲人，静静地聆听着春天。每次，远望着那份沉默静逸，总有一些感动轻轻地，轻轻地漫湿我的双眼。

依依杨柳，总会让我想起一位柳姓老师，准确地说，于我，他称得上亦师亦友。在我的印象里，很多时候，他实在是很沉默，沉默得甚至有些许的忧郁。这么多年的交往，他影印在我脑海中最多的形象是，两眼专注于手边的工作，从来没有一句怨言。这踏实的工作态度委实让我心生敬意。许是因为对他的敬，或是因为他别样的气质，我每次看到他就会觉得特别亲切。他除了严于律己，还很博学，笔下的文章大气、深刻而有思想，正好弥补了我文章中的稚嫩与肤浅。因此，每次写文章我总喜欢送给他看，看完之后他常能给以高屋建瓴的建议，而且他的建议能够结合我的写作风格，让我心悦诚服的同时，总对他的提点心生感动，但也有很多时候,我分明从他的声音里听出了身心的疲惫。

因为他写得一手好文章,又德才兼备,所以我常常把他比做江南才子,或者是深沉而内敛的师者。

是的,他真的是极为内敛,但很奇怪,我竟然从来不会因为他的沉默而感到些微的尴尬,好像他原本就应该是这样的,所以已经习惯了。但是,在他的地理课堂上情形就大不一样了,那时的他便成了快乐的使者,谈笑风生、妙语连珠,看似枯燥的地理知识犹如春风化雨般被学生吸收,可以想象他的课堂会多么让人留恋!

我的身边还有一位姓柳的女教师,一副清亮的嗓门,一张青春飞扬的脸。共同工作的我们常常一起读书,我也有机会时时感染着她的爱与善良。记得有一次,我们一起读毕淑敏的《冻顶百合》,当我们透过毕淑敏平静的文字,震惊地发现那美丽的百合居然是"植物中的山羊",绿色植被的"杀手"时,这位性情豪爽的女孩,当即表示此生永远拒绝百合。我知道,这已经是她拒绝的第三种事物了,为任意放牧的山羊对自然的破坏,她拒绝了美丽的羊毛衫;为石油的紧缺,她出行尽可能地骑自行车或者步行……她希望能尽一己之绵力,让西北的坡地上少开一朵百合,少沙化一抔黄土,让人类的资源能够少浪费一点点!她希望学生的世界因为有她而增加不一样的光彩……常常在我们的憧憬中,我不由地握紧了原本轻轻牵着她的手。

西汉著名学者扬雄在《法言》首篇《学行》中写道:"师哉!师哉!桐子之命也。务学不如务求师。师者,人之模范也。""桐子"即"僮子",晋人李轨注为:"桐子,洞然未有所知时,制命于师也。"扬雄之言大意为,教师是能够让未萌之人祛邪向善、安身立命的根本;尽力为学,不如尽力求师,因为教师是人们的模范。习近平总书记在考察清华大学时发表重要讲话时也提出,教师要成为大先生,做学生为学、为事、为人的示范,促进学生成长为全面发展的人。

那么，教师如何成为人们的模范呢？首先要有道德，如《易经》所言"君子进德修业"，教师的道德素质对学生有着不可忽视的人格感化和道德示范作用；其次要有学问，《孟子》的《尽心章句下》曰"以其昭昭，使人昭昭"，意思就是说贤人要先使自己明白，然后才去使别人明白；最后，要有爱心，《孟子》云"亲亲而仁民，仁民而爱物"，一个真正有爱心的人当亲爱亲人而仁爱百姓，仁爱百姓而爱惜万物，这样的人才会无隐无私，为学生奉献出自己的一切。

不仅仅是我所忆及的两位柳姓老师堪称人之模范，自古至今这样的"师者"，可谓数不胜数。他们胸怀天下、独善其身，甘于清静、淡泊名利，垂青人才、奖掖后学。正是有了一代又一代师者的传承、发扬，才铸就了中华民族独特气质的"师道尊严"；也正是有了这些优秀的师者，才让杏花坛上一直茂盛着青春的柳绿桃红！

欲拈斑管书心事，轻拂依依杨柳枝。面对青青杨柳，我的思绪禁不住百转千回。在这轻盈的春风中，就让我们与所有热爱教育事业的人们并肩而立，于烟花三月中，开满一树的新绿，悄悄回报大地母亲满目的青翠与风华。

师德考验，无处不在

考场上静到只剩下"沙沙"声了。她站在我旁边，看我答题，似有意似无意地指指我选择题的一个答案，用手指画了一个"×"，然后径直走开了。我心中"腾"地升起一股厌恶的烟——作为一名教师，她怎么可以这样？我用卷子盖住选择题的答案，不去理睬它。后来，她又踱到我的身边，把卷子推开，再次指了指对的选项，我不得不纠正了答案。她看了看，脸色微红、不自然地离开了。窗外的阳光将世界照亮，我们彼此心中，应该都很难受吧……

这是我在作文阅卷中读到的一段文字。读的时候，一种莫名的痛楚在心里一点点弥漫开来，我仿佛听到心灵深处矗立着的神圣宝塔轰然倒地！

学生口中的那个她或许是道德的麻木，或许是心灵的一时迷失？但她所践踏的不仅仅是属于她的尊严，还有我，还有更多的自察自省的教师们！

面对现实的诱惑与挑战，我们的师德真的孱弱得不堪一击吗？

想起当时的考场编排：为使考试规范、阅卷公平，所有的考场都是按照学生起始年级建档的顺序依次编排。由于学生升级的时候重新分了班，自第二年起，每一个考场里全年级的学生都有。作为监考老师，一个考场既有自己的学生，也有同事的弟子。在业务考评越来越细致、教学成绩特别受重视的今天，这种监考形式，对教师的职业道德来说无疑是严峻的考验。

其实，回视日常的教育教学工作，这样无形的考验比比皆是。

课间出操的时候，有同学没有按照校规穿运动服，于是班主任将其留在教室以躲避学校的检查评比；为争取好人好事奖分，班级同学明明知道失主是谁，仍然要将捡到的财物送交学校，班主任对此不置可否甚至变相鼓励；更有极个别教师为了自己不可告人的私利，或委婉或间接地向家长索取钱物……

现实的土壤中，原本没有明显的大是大非；教育的天地里，也难有轰轰烈烈的惊世壮举。然而正是这样的日常琐屑，正是这样的寻常点滴，折射出教师道德与心灵的匮乏。而殊不知这些不经意的瞬间，影响的可能是学生一生的是非判断。学生通过教师的一言一行形成对教师的印象，然后又从点滴言行中开始模仿教师，接受教师的影响。如果教师不谨小慎微，不注意教学工作中的细节，那极有可能违背教书育人的初衷。

伟大的人民教育家陶行知更主张"一言、一行、一举、一动，都要修养到不愧为人师表的地步"。他说："教育就是教人做好人，教人做好国民。"这无疑对教师的职业道德提出了极高的要求，而教师的职业道德更多的是出于内心的自觉，体现为自我约束、自我养成，体现在职业道德真正深入到教师的血肉之中，如孔子所言"从心所欲不逾矩"。它还体现在无人监督的时候，在有做坏事的可能的时候，教师仍然能够坚持自己的道德信念，自觉遵守道德原则和道德规范，而不需要任何外在力量的强制。

诚然，当今时代物欲横流，社会又赋予了我们太多的责任，有时甚至是我们的灵魂不能承受之重。社会质疑、家长责难、业务考核、教学成绩评估、日常工作检查……在重重的压力之下，很多教师身心俱疲，职业倦怠几乎无处不在。可以说，工作于我们每一个教育工作者都非易事。然而，我们既然选择了这个注定难以更改的职业，那么无论在什么样的情况下，我们都应该以坚定的道德意志，战胜这些物质的、现实的利益的诱惑，战胜人性中的自私与虚荣，坚守住心中的道德"长城"，并使自己的道德品质趋于完美。"浊者自浊，清者自清"——我们的教育工作也终会在这样的自我否定、自我超越中达到新的境界。

一个伟大的时代，总会不断涌现出具有卓越品格的优秀教师。习近平总书记说："一个人遇到好老师是人生的幸运，一个学校拥有好老师是学校的光荣，一个民族源源不断涌现出一批又一批好老师则是民族的希望。"优秀教师以丰富的学识与高尚的品德，塑造着学生的视野和人格，是学生成长过程中无可替代的引路人。只有这样，教师才能真正成为塑造学生品格、品行、品位的"大先生"。

年华似水，时光飞逝。不知道那位老师，此时是否正遭受着灵魂的对话与师德的拷问，那颗曾经麻木或迷失的心是否在疼痛中得以"调养"，慢慢复苏……

当然，现在为最大限度地避免考场出现类似的现象，只要稍微大型的考试，教师都不再给自己的学生监考，但对教师职业道德的考验又为何止在这寻常的考场？

愿我们能时刻如曾子所言,"吾日三省吾身";能够勤于反躬内求,精于明察秋毫,敢于自我否定,贵于改过从善。通过各种方式来提高自察自省的能力,以不负国家与人民的重托,无愧于"教师"的信仰与荣耀。

角色扮演,在情境模拟中唤醒责任

下课铃声刚响,课代表就哭丧着脸进来了:"老师,今天我又没有收齐语文作业。"说着,递上了没交作业的名单。我一看,又是张龙(化名)那几个"钉子户"。"老师……"看他欲言又止,我忙问:"怎么了?""张龙不但不交作业,还骂我是您的'小狗腿'。"说着眼圈就红了。

我知道,不管哪届学生,课代表和同学之间的冲突都一直存在。除此之外,还有班干部、组长与同学之间的矛盾:总有那么几个同学,自习课上不服从班干部管理,值日生刚刚打扫完卫生就乱扔垃圾,小组学习时我行我素。还有,同学之间发生争执,纷纷指责是对方的不是;墙壁被人印上了刺眼的鞋印,到班上询问,没人承认……这所有的问题,归根结底还是学生的自我责任意识和对外责任意识淡薄。

看着课代表委屈的样子,我明白该出手解决这个问题了。但是,创设怎样的情境来唤醒、强化学生的责任意识呢?我想到了心理学家莫雷诺于20世纪30年代创设的心理辅导——角色扮演。

角色扮演使扮演者暂时置身于他人的位置,并按照这一位置所要求的方式和态度行事,以增进其对自身原有责任及他人集体责任的理解,从而学会更有效地履行责任。我的具体方案是,由每个小组推选一名非课代表同学扮演课代表,负责模拟课代表的表现收齐作业;其他同学通过选择扮演某个同学来表现他的行为,并且要注意仔细观察、认真记录并用心思考、评价每个角色扮演者的行为。这样,每个人将以他人的观点、立场看待问题和处理问题,促进学生理解他人并最终改变自己的行为和态度。

利用课间,我先悄悄和张龙所在的小组说清了角色扮演的意图,让他们在推选课代表的时候力荐张龙;然后秘密召集所有课代表,让他们在扮演同学的时候,选择扮演张龙在课代表收作业时的表现,他们也可以授意其他责任心强的同学这么做,课代表们一听全乐了。

角色扮演开始了。没有任何悬念,其他小组的扮演者都顺利地收齐了作业。等到张龙收作业时,教室里却一片或"幸灾乐祸"或抗议的声音:"哎呀,张龙,今天轮到你做小狗腿了!""看你就像要小钱似的,一边去。""要作业没有,要命一条。""我不交,看你能把我怎么着?"最后张龙只收上了22份作业,还不及班级人数的一半多。听着大家录音一般的回放,望着别的课代表那小山般的成果,这一次轮到张龙的眼圈红了。

角色扮演者行为评价环节,同学们表达了对课代表辛苦工作的理解和尊重,张龙也不好意思地给大家鞠了个躬,真诚地向大家表达了歉意。为强化行为和态度的塑造,进一步达到角色扮演的目的与功能,我让张龙按照活动要求重演,这一次,他收获了同学们满满的肯定。

角色扮演结束后,我提出几个问题将大家的思考引向深处:我们对自我要负起哪些责任?对外(父母、老师、班级和社会)又要承担哪些责任?并在讨论、交流的基础上形成三级目标。如,围绕一级目标"感集体之恩,尽主人之责",形成的二级目标是"团结友爱,诚实守信,严于律己,乐于奉献",再将二级目标细化成三级目标"与同学和睦相处,互帮互爱,不拉帮结伙,不给同学起侮辱性绰号;认真完成并及时上交作业,言而有信,努力做到对老师、家长承诺的事情;上课不交头接耳,认真听讲做好笔记,自习课认真遵守课堂纪律;积极参与小组竞学活动,维护集体荣誉,多做好事,尽好主人职责"。

一位学者曾做过这样一个精妙的比喻：将15克盐放在我们面前，无论如何都难以下咽；但将15克盐放入一碗美味可口的汤中，我们就会在享用佳肴的过程中不知不觉地将15克盐全部吸收。情境之于德育，当如汤之于盐。学生受到教师精心创设的情境的熏陶和暗示，能产生积极的情感体验，能在自然、和谐的氛围中主动参与德育活动。可以说，只要是为落实活动目标所设定的，适合学生主体并作用于学生主体，能产生一定的情感反应的情境，最终都能内化成积极向上的情感、态度和价值观。

不仅角色扮演如此，其他如小品表演、故事讲述、小游戏、辩论赛、实践操作等亦是如此。语文教师有着得天独厚的条件，因其丰富的语言表达比其他教师更适宜组织各类活动，只要我们细心关注学生真实的生活，用心创设真实的情境，在情境模拟中有效唤醒学生的责任意识，相信德育活动也能真正做到"随风潜入夜，润物细无声"。

故事讲述，在潜移默化中浸润心田

教师做学生的思想工作时，若不讲策略，只是板着面孔滔滔不绝地道德说教，恐怕不仅不能对症下药，反而会引发学生的逆反心理。经验表明，通过讲故事来说道理，既能把道理说透，又容易让学生接受。因此，我平时比较注重收集各种各样的故事，在故事里寻找教育的启迪。

若想用讲故事的方式来感化学生，就要解决脑中无故事，或者无合适的故事的问题。那么，怎样储备好的故事呢？除了上网阅读之外，我主要通过两种途径来进行收集。

第一种途径是粘贴故事。即留心阅读平日购买和订阅的书刊，只要发现能传递正能量的凡人故事或名人轶事，就毫不心疼地剪下来并分门别类粘贴在专用的剪贴本上，因为我一直觉得与其让图书堆放在角落里，不如物尽其用。于是，本杰明·卡森博士从关掉心里的电视机开始，勤奋学习最终成为享誉世界的脑外科专家的故事，上海杨浦区的"教授爸爸和他们的'中等生'孩子"的故事，诺贝尔奖得主谢赫特曼的"把嘲笑当作成功的肥料"的经验，青年励志榜样叶诗文的"成功的5个关键词"等都被收进了我的"百宝囊"里。

第二种途径是记录故事。即记录身边朋友、历届学生及通过各种途径听到的故事。实践表明，来自高年级学生的成长故事更为学生喜闻乐见。因此，多年前考上北大，现在去了多伦多留学的学姐于琳洋；七年前在我校就读初一，如今考上清华的洪新宇……他们的成长经历以及在初中时写的作文，我全收录在册，汇集成我奉献给学生的最具感召力的励志故事。

储备了足够的故事，要讲好故事还需要把握恰当的时机，在恰当的场合选择恰当的故事。如我会在新生入学时开讲"放飞理想，寻找人生目标"的励志故事，考试前开讲"诚信、自信"的故事，单元测试之后会围绕"勤奋是一笔财富"开讲故事。有时，我还会根据不同年级的特点选择不同的故事，如，初一、初二年级我会选择由动物做主人公的寓言故事，或者情节简单的生活故事；到了初三、初四年级，我会选择蕴含大道理的小故事。

这些故事还可以根据主题的需要进行创造性的改编。如，传统的龟兔赛跑，适用于向学生传递"稳步前进者，往往能比脑力条件好的同学更能获得最终的胜利"；为鞭策班级脑力条件好的学生，我改编的第二场比赛是兔子全力以赴、毫不停歇地跑到了终点，从中传递的信息是"迅速并且坚持下去一定能打败又稳又慢的对手"；当发现有些同学不注意学习方法成绩滞后时，我将故事改编成第三场：面对河流，乌龟跳进河流，快速到达终点，而兔子因为绕道输掉比赛。以此让学生明白要善于找出自己的优势，然后注意扬长避短。当然，合适的时机还有第四场，龟兔合作一起达到终点，还有第五场……

生动感人的故事如丝丝春雨，浸润着学生稚嫩的心田。它，没有说教，没有灌输，矛盾得以在无声中解决，心灵得以在无形中净化，正如湖南师大刘铁芳教授所说："美德故事也许不如道学家的'道德推理'来得严密、系统、深刻，但却能够比'道德推理'更加直截了当，更简明易懂，更亲切可心。"任何一个人，或许会反感以讲道理为主的规范德育，但却无法拒绝美德故事对心灵的关照和沐浴。那就让我们把对学生发自肺腑的爱寄托在一个个故事中，让学生在故事中用心灵去触摸、感受这个世界的美丽与芬芳，从而成长得更健康、更茁壮。

个案追踪，帮助学生走出困境

个案追踪，就是对单一的研究对象（学生）进行深入而持久的观察分析：既横向观察学生某一个阶段的成长状况，又纵向关注学生不同学期的发展变化；研究结果既确保现任教师准确把握学生特征因材施教，让继任教师分享教育资源，又为家长教育孩子提供一定借鉴。

首先，通过家庭细访，了解学生的成长环境

青少年问题病象显现于学校，而病因则根植于家庭。家访中，我们要全面了解学生的家庭居住环境、父母的婚姻状况、工作情况、经济收入、文化程度、教育方式、亲子关系甚至隔代教育问题等，记录对学生个人生活有较大影响的事件，像成长中遭遇的疾病与挫折，以及家庭成员的离世、生活条件的改变等，在此基础上向家长提出相应的培养建议和教育策略。例如，我们观察到的家庭经济条件较好、家长又娇生惯养的学生，他们往往缺乏吃苦耐劳的精神，学习不刻苦，可以建议家长让学生多吃苦，多锻炼，培养他们独立生活能力；对发现的贫困家庭的学生，可以与家长一起增强其学习的信心和鼓励其改变现状；对特困生要想方设法给予物质的支持和精神的激励。

其次，个案分析，探究学生的个性发展

如果说，外因是成长的条件，那么内因则是成长的根据。在同等外部条件下，有的人能够成才，有的人不能成才，都是内因使然。内因除了自我天赋，还包括学生的兴趣特长、个性气质、心理特征、意志品质等。结合学生的家庭背景和日常表现，准确分析学生的性格特征，才能准确把握学生的行为和心理特点。实践中，可以运用心理测试、调查问卷、访谈观察等方式，从细微处探究学生的心理活动，从蛛丝马迹中掌握学生的心理特点，并采用等级评定、频率计数、行为描述等方法进行评价。针对他们的个性特征，不但指导他们善于扬长补短，而且要探索出适宜的教育方法。如，对胆汁质的学生建议用"循循善诱法"，对多血质的学生尝试用"严格要求法"，对黏液质的学生多用"因势利导法"，对抑郁质的学生则可以用"深度关怀法"。

结合这些，还可以对学生学业发展做细致的分析，将学生历年的检测成绩分别做个体发展轨迹统计，调查分析他们某个阶段的进退情况及原因，研究验证纠正错误、走向成功的方法，从中找出学生学业发展中的某种规律性的信息。这样长期观察、不断修正，最终综合各方面的表现得出结论，精心整理建好个案追踪记录文件夹。

最后，关注家庭回访，指导家长走出教育困境

学生个体的差异性决定了班级中"问题学生"的不可避免，家长的"无须持证上岗"则决定了"问题父母"一定存在，而这两个问题的解决都有赖于家长教育理念与方法的提升，家庭回访的重要意义正在于此。对某一方面暂时滞后的学生的家长，要让他们明白新时代的父母，既要有亲情的关爱，更应学习科学的教育方法。我们要建议他们在品行修养、行为习惯等方面做好孩子的表率；要善于营造良好的家庭环境，挖掘孩子身上积极向上的因素，使之扬长改过，一步一步养成良好习惯。同时，针对家长普遍困惑的问题，我们还举办相应的培训讲座；在《家长月报》上开辟专栏进行专题指导，让更多的家庭从中受益。

个案追踪记录，有利于教师与家长准确把握孩子每一步的成长轨迹，并进行分析与反思，及时调整自己的教育方法，增强教育的针对性。我们会把"个案追踪"贯穿于学生成长的整个过程，让每个学生的成长真正有迹可循。

激励欣赏，引领学生快乐求知

从一个小故事说起吧。如果有人拿出一张画有一个黑点的白纸问我："你看到了什么？"我必会会心一笑："一张白纸呀。"因为我们都知道这个"白纸与黑点"的小故事。它告诉我们，眼光集中在黑点上，黑点会越来越大。"关注黑纸上的白点"，这是智慧老师的智慧语言。然而事实上，我们的眼睛从来没有离开过黑点。我不由得反思这样的一个教育情景：当走进教室一眼就看到几个学生不守课堂纪律，我所做的是批评而不是对其他安静读书的同学赞赏有加。因为再也没有比批评几个同学来得更快捷、更立竿见影的了，但实践证明能达到立竿见影的效果的却不见得是最好的做法。

我也曾经写过类似于呼唤惩罚的文章，然而现在想来我们的教育其实是太少激励与欣赏了。欣赏，是一种积极的心理暗示。当学生感受到你在欣赏他时，他更能产生自尊之心，奋进之力，向上之志，这可以帮助学生树立信心，享受成长的过程和成功的喜悦。慢慢地，他的心田就会被一种叫作享受的东西所添满。这样的语文课堂，会弥漫着诗样的芬芳，教师就能与学生一起享受文字的诗意，享受人情冷暖、爱恨情仇、世事变迁的丰富情感，享受每一个花开的黎明、霞落的黄昏……

那么如何激励学生呢？有时我用语言激励，在学生的表达出现一两句惊人之语时，我欣赏的语言会倾泻而下，多个长句绝不重样，且尽显真诚；有时我会在适当的时机给他一个美名，让他为之奋斗，我们班上同学所享受到的美誉数不胜数，有"少年小诗人""数学王子""未来小作家""感动初一（三）班最佳人物"；有时是精神激励，或让人眼热心跳的掌声，或在全体同学面前送他一个暖暖的拥抱。有时，我会做预言家，说："昨天晚上我做了一个梦，梦见某某同学在某某方面进步了，我在梦里都笑出了声呢！"还别说，这样的预言十有八九都会灵验的，因为他（她）会憋足了劲让老师美梦成真的。

更多的时候我会采用书面语进行激励。我们都知道，写过的字句不会很快遗忘，书面语相比口头语言会留给学生一种持久、真实可触的感觉，并且它还能保存，学生可以反复阅读，从中不断获得上进的信心和勇气。学生的学习计划、阶段总结我都认真地评点，不错过任何一个用书面语进行交流的机会。我还会给进步的学生家长发喜报：祝贺某某同学在最近的学习中……给他放大优点的机会。或许有人会担心学生和家长收到这样的喜报会不会"翘尾巴"，事实证明优点传递分享的同时就是巩固优点、扩大优点。从胜利走向胜利，从成功走向成功，也许更符合生命成长的规律。有时我还会奉送学生激情洋溢的教师寄语，并建议他们将这样的寄语张贴在案前桌头，以达到时时激励督促自己的目的。

我不喜欢教师做苦行僧，更不喜欢学生苦学。在我眼里学习应该是一件很快乐的事情，美丽的语文课更该如此。我愿意将幸福和快乐带给学生，去滋润他们每个人的成长历程。背不完课文，学生得到的"奖励"是课前给大家唱一支歌；第一堂课打不起精神，课前进行的是"从笑话里品味语文"。阅读与作文的连堂课有些沉闷，多媒体演示的"开心一刻"其中就有学生作文里的一点也不亚于笑话的文字。他们说："开学了，同学们纷纷扬扬地坐到了座位上。嘿，像雪花一样！"他们说："妈妈生气的时候脸拉得像驴脸一般。"……欢声笑语中同学们知道浅笑话里藏着深道理，语言不得体不但会闹笑话，还可能引发矛盾冲突。

自然，生活中并不总是欢歌笑语，在学生不遵守纪律的时候，我会用另类的方式让他们记忆深刻。有一天自习课同学们在教室里吵成了一锅粥，周末的班会课上我用一首小诗为我的批评做了总结："记得那天晚自习，你在笑来他在说。老师叮嘱抛在外，教室吵成小市场。愁云惨淡归家路，回想所为心里痛。牢记四月十五日，勤奋守纪报师恩。孝敬父母今日始，勤学向上贵有恒。"受了批评，学生送我的却是热烈的掌声以及若有所悟的表情。我还会告诉他们，最苦的树开最香的花，挫折是人生最宝贵的财富，酸甜苦辣永远是生活的滋味。

除了这些，我还充分利用班级活动来促进学生的发展。可以说，班级活动是一个人成长的最佳沃土，很多知名人士忘记了中学时代的很多事，唯独对曾经参加的活动记忆犹新。针对初一年级学生的特点，我先后开展了一对一对抗赛（确定目标进行阶段赶超），男女生擂台赛（多用于朗读和复习知识），名篇背诵赛（我们在初一除了国家规定的课标读本，又先后向学生推荐了古今大量的经典名篇），课堂上我们常常需要关好门和窗，因为喷涌的背诵声影响了其他年级的学习……最后一天，我们开的是"快乐party"，主题是"永远的快乐初一（三）班"。盘点是为了更好地成长，我希望师生一起走过的快乐历程能成为永远的精神食粮。当然，在关键时刻，教师当刚柔相济，毫不含糊。作业没有完成，不但要补交，还要上交作业不能如期完成的说明书；上课偷懒磨蹭，那可不行，课后要"享受"与老师的促膝谈心，或严厉的教诲，当然，这要视他的个性和以往有无累计过错来决定……

而上述所有的一切，基础是教师心底的爱。爱，是人间最美好的情感，可以给人带来无穷的力量。我相信每一位教师都有无数爱的故事，都有无数爱的秘诀。因为爱我们的职业，爱我们的学生，所以才能倾心付出；因为我们倾心付出，所以我们更收获了无限的爱。

双向奔赴，让爱余香久远

有人感慨，教师的生命像一个长长的句子，艰辛是定语，耐心是状语，热情是补语；也曾有人吁叹，教师的生命像一个短短的根号，一叠叠作业本为她的青春无数次开平方。其实这些比喻都只说对了一半。对于教师来说，生命长句中还有一个定语是爱，它开出的平方根是幸福。

有一位微友给我留言说："我的姐姐也是教师，她每天都奔忙在学校与家，奔忙着但不快乐，真希望她能认识您，好卸下她的包袱。"不容置疑，有许多教师背负着沉重的压力在艰难前行，然而有许多东西不是我们个人的力量所能改变的，更多的时候能解救我们的唯有自己。在这我想起一个故事里的老人，就是那个天晴的时候担心大女儿卖不了伞，下雨的时候又担心二女儿染的布被淋着的老太太，她生活得很不开心。当局者迷，旁观者清。邻居的一番话让老人豁然开朗。原来，晴天时可以为二女儿能顺利染布而高兴，雨天时可以为大女儿家的伞能卖出去而开心。曾经我也像很多人一样嘲笑这个思想一根筋的老太太，可是冷静想来，我不就是那个老太太吗？一方面不能改变自己做教师的事实，一方面又在不断地抱怨。我们不是也在说着并做着和老太太同样的事吗？教师这个职业恐怕于太多的人来说，是心中不能割舍的痛，在我们无力改变的时候，最好的做法就是转换心境，以乐观的态度接受我们的职业并试着尽最大可能地去喜欢它。只有这样，我们才能享受教育的过程，享受生命的成长。而每一门学科自有它或隐或显的魅力，如语文的含蓄隽永生动优美，数学的睿智凝练科学周密……所以我想说的是：接受我们注定了难以更改的职业，为我们所任教的学科找寻喜欢并乐于付出的理由。

很难想象一个不肯付出爱，却有着高超教学技法的教师能受到学生的爱戴；也几乎没有一个教师会怀疑自己对学生的爱。然而同样是播撒爱，所获结果却大不一样，这恐怕要缘于有的教师不善于表达对学生的爱。曾经听到一位教师打过这样的比喻，说每次上课，他都当成是去赴情人的约会，会把自己最美丽的一面展示给学生。在这种心态的暗示下，相信我们的语言会传递爱，眼睛会流露爱；我们不会烦躁不安，不会怒目而视，更不会出口伤人，我们的课堂也会在这脉脉温情下变得圣洁美妙。不要小瞧这些看起来不通世故的孩子们，他们其实古灵精怪，有着一双火眼金睛，会从老师的眼角眉梢捕捉到其中流淌着的爱。

爱，更体现在教师小小的看起来似乎无意的一句话。夏天来了，提醒学生不要多吃雪糕，我们的肠胃太娇嫩；冬天到了，提醒坐在教室两边和后边的同学不要贪图舒服长时间靠着墙壁，我们的身体是珍贵的财富……滋润着这样爱意的学生，又怎么会不努力以优异的成绩来回报师恩呢？我们又怎么会不收获职业的幸福与快乐呢？

我们不妨经常问问自己：作为一名语文教师，我感觉最幸福的是什么？当走进教室，被学生围着问这问那，是幸福；当学生的文字里流动着智慧的光彩，是幸福；当学生刚刚受了批评泪痕未干看见我们依然展颜一笑，是幸福；当假期在即学生久久不愿离开，是幸福；当在外地培训收到学生的短信"老师，您一个人出门在外，要记得好好照顾自己"，是幸福；当学生家长把我们当成最可信赖的朋友，而不仅仅是孩子的老师，是幸福……在教育这块园地里，我们为幸福而劳作着，也在劳作中收获着爱。

一名初一年级的女孩在暑假返校后，没有在新班级的讲台上见到自己原来的老师。怅惘，失望，难过……好几个晚上，她辗转难眠，难遣忧伤。在温暖的灯下，她用笔写下对老师的思念，写下自己的苦闷和惆怅，泪水不禁潸然而下，打湿了忧伤的纸笺……教师节快到了，她决定给亲爱的老师一个惊喜。她放弃了午休时间，早早地从家里出发，用攒下的零花钱，买了一束芳香四溢的鲜花。她厚着脸皮，央求门卫爷爷提前放自己入校。她蹑手蹑脚来到老师所在的办公楼层，鼓足勇气爬窗而入，翻遍了整个办公室的桌子，也没有见到自己老师的名字。于是，又来到另一间办公室。终于，老师的名字赫然在目，女孩心头欢悦。因怕人误会，女孩提笔写下：此花送给……老师。她刻意没有署名。她确信苦练了一个暑假，老师已经认不出她的字了，她只想做个"无名英雄"，在不为人知的角落默默地思念老师。当老师把电话打给她时，她又惊又喜。于是，老师知道了瘦小的她，送花过程中所做的"英雄壮举"。故事中的女孩叫李昭佳，现在已是高三的学生；而那个让她心心念念的老师，就是我。

新冠疫情期间，我还一度收到她的短信："老师，您也在家上网课吗？我好想您！"

感慨，感念，感恩。

学生虽尚稚嫩，但我们付出的所有爱，都会像金色的种子一样深植童心，只要我们勤于浇灌，总能收获如锦繁花。可以说，一份温暖的开始，是老师送给学生的；一份温暖的延续，是学生送给老师的。而我们的世界，不正是由这样双向的、能够彼此回应的温暖组成的吗？这种爱的双向奔赴，又怎么能不让教育的园地余香久远呢？

| 第三章 |

心灵直播间

●本章看点

　　新型的师生关系，它的核心一定是师生在人格上是平等的，在交互活动中是民主的。在这样的关系中，一方面，学生在与教师相互尊重、合作、信任中全面发展自己，获得成就感与生命价值的体验；另一方面，教师通过教育教学活动，让每个学生都能感受到自主的尊严，感受到心灵成长的愉悦。

　　"民主平等，尊师爱生，教学相长，心理相容"，这十六个字可以涵盖基础教育课程改革倡导的新型师生关系。可以说，最好的教育，就是帮助每一个学生，去找到自己生命的价值；最高级的师生关系，就是彼此成就。

向阳而生，在心灵的跑道上飞翔

　　人的翅膀是长在灵魂里的，真正的飞翔永远在心灵的跑道上。和学生一起向阳而生，快乐飞翔，享受的是生命成长的美丽与舒展。

——题记

一

在龙口市参加语文新课程备课研讨会，今天是回返的日子。背上沉甸甸的行囊（里面装满了学来的经验），踏上回家的路程，竟有一种恍若隔世的感觉：刚刚还沉浸在新课改的热闹现场，现在就踏上了依然如故的家乡。朦胧中，新课改似乎变得遥远起来。不禁默默自语：新课改，你离家乡的孩子究竟有多远？伴随着新课改，孩子们的书包能轻松起来吗？

一切真的很茫远，我居然有一种"迅哥儿"面对故乡与未来的那种茫远感受！尽管我曾经那么热切地翘首期盼着它的到来。

后天就是新学期开学的日子了，我不知道该怎样与学生开场，甚至我不知道如何完成教师角色的转换。不，换言之，我不知道在当前追求分数的考评机制之下，我该不该进行教师角色的转变。我一遍遍地自问：面对新课改，我准备好了吗？

二

莫怀戚的《散步》是很经典的一篇散文。备课时，我想起在龙口听评本节公开课时，大家对城里孩子敏捷的思维与流畅的表达的由衷钦羡。我当时就暗暗在想，同样一堂课，我们农村初中的孩子会怎么样呢？我准备也尝试让学生在自主、合作、探究的学习氛围中研读课文。

为让学生提出有深度的问题，我吸取前两天借班上公开课的教训（少有人质疑或不着边际），决定先和学生共同探讨质疑的角度，很快师生达成了共识——质疑字词的理解，内容的安排，写作方法的选用等。刚探讨完，大家就急不可耐地开始朗读课文了。

学生能提出什么问题呢？逡巡于学生之间，我心在忐忑。

学生的表现竟大大出乎我的意料，你猜他们提的问题是什么呢？

"今年的春天来得太迟了，太迟了"，为什么连用两个"太迟了"？

"我的母亲又熬过了一个严冬",为什么作者用了个"熬"字?

文章结尾"我和妻子都慢慢地,稳稳地,走得很仔细,好像我背上的同她背上的加起来,就是整个世界",句子有什么深刻含义?……

如果你曾经参加过在龙口市举行的省级语文课改研讨会,你就会明白我惊诧莫名的原因了。同学们提出的问题竟与研讨会上学生提出的问题惊人地相似。当时研讨会适值暑假,用的是即将升入初二的学生,因此听课教师很能理解同学们的不俗表现。可是现在,没有任何的作秀,初一刚开学,教辅资料也没有到位,学生的回答没有任何的参考,而且还是农村的孩子。

看着小小的林杰眨着一双清灵的眼睛,平日里太过沉默的刘长乐一次次语出惊人,从来没有任何时候比此时更让我产生如此强烈的震撼。我终于相信了那句多次读过,但一直颇不以为然的话——

给学生一片天空,他们会还你一个精彩!

三

偶听任课老师说,初一男生女生之间最近在盛传谁与谁要好,颇觉好笑。这种要好应该就是调皮的姜鹏喜欢与"假小子"唐璐瑶侧着脸说话吧?尽管如此,我却也不敢大意,决定在班级调查一番。

忆及以前在班级公开调查事情时同学们的口无遮拦,再想想与大家的亲密无间,我不想做便衣警察私下了解,而是与以往一样把问题抛给了学生。

没曾想,风乍起,吹皱了一池春水。教室里一下子就似炸开了锅,同学们的"老底"全被揭了出来:谁与谁好,谁在小学时就有好几个,谁与谁争谁……一时之间,举报的,辩解的,还有找人作证的,可谓百花齐放。看着一个个或大义凛然或委屈难耐的面孔,我情不自禁地笑了起来,同学们也忍不住相视而笑。

大笑之后，我收敛了笑容：流言止于智者；男女生很多时候本是正常交往，告诫他们以后再谈到这些不要瞎起哄，把美好的友情弄得变了味。

同学们听了，连连点头，脸上写满了严肃。此时，明媚的阳光透过玻璃窗斜斜地射进来，洒在一张张郑重而纯真的脸庞上，一种异样的感觉如清泉一样淌过我的心田。我庆幸我们新课改下和谐、民主、平等的师生关系，走进教室，几乎每个同学都能当着大家的面自然地向我"吹"小报告。是他们，充实了我的每一个日子，填满了我的心，挤满了我的梦。我真的担心我们什么时候亵渎了这份信任和坦诚——

如果
世上有一种东西，
能换来学生的纯洁永驻，
我愿
以一切与之交换。

四

早晨，当我携了一身的阳光走进教室，却发现冯立勇正在抹眼泪。原来，高年级的同学欺负了他，还说他是黑人的后代（他的妈妈是云南籍人）。根据经验，我意识到在课堂上碰到意外信息的时候，教师需要准确判断它的教育价值，及时做出符合教育目的的调整。

于是，阅读课上我给同学们推荐了史铁生的《我的梦想》。我和同学们一会儿尽情想象黑人刘易斯那奔跑时"如风似水般滚动的肌肤"，一会儿感叹作者"不可须臾或缺的不屈的挑战"……于书声嘹亮中，在激情碰撞间，我发现冯立勇似乎若有所思。放学后，帮他收拾好书包，我们并肩而行，聊妈妈的爱与期望，说他的梦与理想，谈他的聪明与懂事……

终于，一个仿佛卸下了千斤重担的男孩子阳光灿烂地站在我的面前，如同明亮的灯光陡然绽放在无边的夜色中……到了他家门口,他对我说:"老师,您放心吧,我想,我会和刘易斯一样,成为妈妈的骄傲!"看着自信的他,我所有的疲惫与辛苦顿时烟消云散,一种发自内心的愉悦溢满了全身。

话如阳光,温暖生命;文似玫瑰,芬芳人心。语文,这一美的诗意的教育,我们在这里听到了生命拔节的动人声响!

用心倾听每一次清风拂过时,那心灵深处的惊喜与感动吧。只要心灵没有残缺,就都有一扇通向太阳的天窗。你真的可以听到向阳花开的声音,因为,春天一直驻扎在我们的心里。

悦读诗苑,在最美的年华相遇

"老师,我已经谢绝了三个社团的橄榄枝了!"刚走到教室门口,女孩婷婷就雀跃而来。

这孩子喜欢咬文嚼字,说起话来也是文绉绉的。正在这时好几个同学也围了过来:"老师,老师,我也要加入'悦读诗苑'经典诵读社团!"

"老师,听学姐们说我校的诵读节目还上过电视,是真的吗?"看着同学们期盼的目光,我的心里涌现出莫名的成就感。是的,正如同学们所言,我校已经连续三年在威海市中小学诵读比赛中取得佳绩,编演的诵读节目《凤凰涅槃》还代表威海市参加了省电视台教育频道的优秀节目展播,充分展现了学校社团拓展课程的成果,经典诵读社团也成为我校诸多社团中的精品社团之一,无怪乎同学们要争先恐后地加入经典诵读社团呢!

拓展课程自主选课意愿单下发了,同学们可以在家长的指导下选择自己心仪的社团。晚上八点,小杰的妈妈发来短信:"鱼和熊掌不能兼得,宝贝今天经历了初中生涯中的第一次痛哭，经典诵读和篮球，只能选一个，两个都是心头爱！在百般纠结中孩子老爸和老妈给出了不同的答案，让泪流满面的孩子更加取舍不定，老师，您给个建议吧！"沉思少许，我回了短信："问问孩子他最喜欢的是什么？听从孩子内心深处的声音。"后来听小杰的妈妈说，孩子谈起了在语文课上对文字的喜爱，朗读课文时兴奋不已的感触，最后全家一致敲定——选择"悦读诗苑"经典诵读社团。

"琅琅读书声，声声皆入耳"是我开设诵读社团的诗意追求，而"悦读诗苑"经典诵读社团还关注学生对经典文化的情感体验。一个活动日下来，我发现，同学们虽然是欢天喜地地坐在了活动室里，但等到当众进行表情动作诵读的时候却总是放不开。诵读作品能不能在老师推荐的基础上，由同学们自主选择能引起他们生活、情感共鸣的篇章呢？当我尝试着将一组古体诗和新诗分别投放给学生的时候，他们对新诗表现出超乎寻常的喜爱，在他们的心灵世界里，徐志摩的《再别康桥》，唤醒的是他们对小学母校以及所有美好事物的眷恋之情；席慕蓉的《开花的树》，他们联想到的是能够成为同学，也是彼此在佛前的五百年祈盼。就这样，以新诗为载体，学生们自主选择喜闻乐见的经典作品，用声情并茂的诵读呈现出内心最想表达的情愫，也开启了他们的心灵之门。

又到了学期结束的时候，按照惯例，社团成员要利用校园读书节向全体师生做汇报演出，怎样结合舞蹈、音乐、美术等不同形式，多角度演绎经典文化，打造文化和艺术的双重盛宴？在语文教师的悉心指导和家长们的积极参与下，成员们或单人、双人诵读，或亲子、群体演读。脍炙人口的《满江红》《沁园春·雪》《面朝大海，春暖花开》《假如生活欺骗了你》等相继呈现，诵读篇目涵盖古今中外。现场还有学生的配乐伴奏或自编自导的伴舞，演出背景是同学们根据表演内容设计的电脑动画，时而金戈铁马大气磅礴，时而白雪皑皑江山如画。在表演者或抑扬顿挫的朗诵或悠扬婉转的吟咏中，观众们穿越漫漫时空，沉浸在经典诗词的深远意境中，在文化传承中享受成长的快乐。

很高兴通过拓展课程"悦读诗苑"的开展，同学们能够在最美的年华与诗词歌赋相遇，与经典文化相知。让我们做能让学生记忆一生的教育吧，在他们的心灵上写诗种花，植一片不被世俗污染的绿洲，让他们即使风雪载途时，想起这些含情欲滴的文字，也能噙香含笑。

每个学生，都需要被看见

学生的童言稚语，纯真笑靥，如散落在草地上的珍珠，俯身捡拾并连缀起来，竟绚丽了平凡的岁月。

一

持续不断的大雨令我沮丧，心情也一如这阴沉的天。

刚进校园，一个矮矮的被雨衣罩着的，在风雨中蹒跚挪动的小同学吸引了我的视线。在我的注视中，他也发现了我，忙不迭地跑过来，仰起脸，道了声"老师好！"陌生的脸庞告诉我，这显然不是自己班上的孩子。那沾满雨珠的稚嫩笑脸，如同带露绽放的小荷，拨动了我师爱的柔情与诗样的情怀，我的心中一下子晴空万里。

昨日，英语老师诉说的孩子们"太笨了，笨得连音标都学不会"的苦恼也随之烟消云散。

缠绵而细密的秋雨有多长，我对孩子们的爱就有多长，你信吗？

二

中午，起床铃响了，由于午睡时间比以前缩短了20分钟，怕学生睡过了头，我信步走进了教室。

一进教室，班长就向我报告："老师，韩军平和宫春鹏中午没能吃上饭！""怎么了？"我心一紧。"被英语老师叫去了，打午睡铃才回来！"韩军平可是分班时第一名的学生啊。我快步走过去："为什么被老师叫去？""我单词默写得不好。"他难为情地低下了头。我弯腰看了看他的桌箱，馒头还完完整整地躺在那里。我拿起已经凉透了并有点硬的馒头："快上课了，凑合着吃点吧。"他掰了块塞进嘴里，我分明看见他的眼睛里有点点泪光闪过。

宫春鹏，正与周公甜蜜"相会"呢！我把他的头抚起来，可他又睡了过去，同学们看看他，又看看我，都笑了起来。等我把他叫醒，他一脸的释然："老师，不要紧，等下课我再去买点饭。"

置身于课改年级，感受着这让人无语凝噎的教育，我无言以对。默默地走到黑板前，看着黑板上尚未擦尽的上一节课的语文课题（《在山的那边》），我挥手写下了一行字，送给我可爱的孩子们——在山的那一边，是海！是用汗水凝成的海！

明媚的阳光里我心灰暗。

三

学完《古代诗歌五首》，我决定变化一下作业形式——让同学们任选自己喜欢的一首诗，画一幅创意画。伴随着学生的欢呼雀跃，一周的学习结束了。

我翻看着收上来的纸张大小参差不齐的创意画，心里时而忍俊不禁，时而哭笑不得。同学们有的将"古道西风瘦马"中的"瘦马"画成了一头垂头丧气的驴子，有的将"枯藤老树昏鸦"中的"昏鸦"的家画在了树干上，还有的将满腹愁思的诗人画成了滑稽的大头娃娃……但有两幅《观沧海》令我爱不释手：姜鹏画中的曹操，正气宇轩昂地站在海边，一副"天下之大，舍我其谁"的气概；王聪颖笔下的曹操，天庭饱满，胸中正升腾起一轮灿烂的太阳，似乎能感受到那即将喷薄而出的壮志豪情！

我的眼前浮过同学们那稚嫩的面孔，在此刻他们正闪现着最为动人的快乐。

四

由于出去开会，我两天多没到班上，觉得似乎有一个世纪那么长。孩子们那灿烂的笑脸恍如就在眼前。

课间，我请大家谈谈最近玩的感受，彭志勇那弯弯的眼睛笑成了月牙，可爱极了。

"作业完成得怎么样？"这是不能不提的主题。

与其他同学一起簇拥着我的宫春鹏抢着说："老师，姜凯昨天的作业是别人代写的。"

"对，他写不出那样的单词。"大家七嘴八舌地指向了姜凯。

姜凯低垂着头敷衍："是……是我写的……"

我嗔怪地看向了他。"你把作业找来我看看？"熟悉每个孩子个性的我，能辨认出所有学生的字迹。

姜凯一本正经地，准确地说是习惯性地装模作样地在桌箱里翻找着。我们含笑看着他，因为结果大家心照不宣。良久，姜凯红着脸，我们听到了低得不能再低的声音："老师，找不到了！""哗！"教室里爆发出一阵欢快的哄笑。我知道这个喜欢撒谎的孩子又一次撒了谎。想想春节的时候，他挖空心思买了同伴的奖品回家向亲人炫耀，我就又气又怜。一心想上进又处处不争气的姜凯啊！那小小的自尊是怎样羸弱得不堪一击？

了解完孩子们的近况，我又向同学们汇报起我对大家的牵挂和期望，我愿彼此在交流中融为一体，我期望在同学们心中，我就是那个可亲可近的邻家姐姐！

偶然捡拾起与学生在一起的断言片章，才发现绿肥红瘦的日子，在不经意间竟带给我暖暖的抚慰与滋润。他们——我挚爱的学子，无论是一直优秀，还是暂时滞后；无论是后来者居上，还是逆水而退之——每个学生的点滴变化，都能被他的老师看见；每个学生的淡淡忧喜，都能被他的老师发现。

多么希望孩子们在走出校门时胸有沟壑万千，怀藏奔腾海浪；回忆往昔时心有繁花似锦，眸有星辰点点。

那份懦弱，是对生命的敬畏

打开邮箱，我发现了你写的主题为"冬日恋歌"的一封信。

读完，我久久无语。情不自禁地想起与你的相识。

认识你，是在三年前的写作社团活动上。因为各种原因，你极不情愿地参加了写作社团，而我则恰好是外班执教的教师。从此，你我结下了恐怕是今生难解的师生缘分。历时20个课时的社团活动很快结束了，而你我的师生缘却一直维系着。

离开那天匆匆又忙忙，好像我们都没有感应到分别的先兆。然而，你还是在其他教师那要到了我的QQ号，我们师徒开始了网上交流。你的学业，你的理想，你青春的烦恼……你没有任何负担地向我诉说，而电脑一边的我或是静静地倾听，或是委婉地劝说。我知道，青春的心灵需要倾诉，这份倾诉的对象不能太近，不能太远，而我又有着足够的耐心和足够的包容，这也是我做一名教师应有的涵养。

于是，你对她的好感与思念，点点滴滴地从屏幕那端带着你的气息传递了过来。我知道那是个很优秀的女孩子，优秀的你有权利喜欢那样一个女孩子。忘了具体和你说过哪些话，只记得你与我一起分享过那份暗恋的甜蜜，那份远望的快乐；也一起惆怅着你那份可能是今生永远的无望。但是，记忆里我一定是常常在劝着你，我努力地不着痕迹地让你接受我对中学生感情的看法（对，是感情，我们交流时从没有提过早恋或者爱情的字眼），而不想让你看成是师长的说教。因为我担心，一旦你与我的交流受阻，你缺少了宣泄的通道，心灵会变得抑郁苦闷。

后来，你从学校毕业了，因为我和你的父亲是同事，我陆陆续续知道，高中的你成绩在一点点攀升，我们都难以掩饰胜利的笑容。那滋味是从内渗到外的甜，我为你骄傲。真的，你清楚地知道我的骄傲。那是一份不亚于那位对你表面严厉、内心怜爱无比的父亲的骄傲，也许，它也是你上进的一个动力。每月大休的那个周五下午，你会回到母校，安静地坐在我的身边，看我游走在文字之间，看我批改作业，看我忙着似乎永远没有尽头的工作；你和我聊你的老师、你的学校，当然，还有我们都会意的那个她。能够在母校不经意间邂逅她，是你很大很大的期望。然后，我看到了那个同样来看望老师的她。好像记得你说过，她的气质（还是背影，我记不真切了）和我很相似。在我眼里，那是一个很纤瘦的女孩，感觉是那种不张扬很内敛的类型。不管怎么说，真的很难得，近三年了，原本年少多变的情感能够保留至此，而她现在又能同你在一个蓝天下、在一所学校内。

此时，我又读到了你的信。你说懊悔你的懦弱。可是，我想说的是，感谢你的懦弱，让你们彼此心存美好；感谢你的懦弱，让你们在朦胧中走向今天。如果你不懦弱，也许现在你们早已经情断。有些感情，也许一开口，就是错；也许一开口，就注定了令人遗憾的结局。尤其是，你还是一个没有成年的孩子。感情于你，更将是沉重的负荷。如同你所说，经济基础决定上层建筑。还有，你的性格，还不足以稳定到可以为某个人而承诺终身。年少时的很多情感，当你走近之后，也许不再那么美好；即便有激情，燃烧之后也许就是陌路，因为它是你的心灵不能承受之重。就这样淡淡地相望，就这样默默地祝福，像你说的那样，缘生缘灭，自由自在。一切任其东西。她的疏远，真的是她的明智。如以前我所说，我很佩服她的坚强与定力。也许她意识到了前景的危险，也许学业给她亮起了红灯，也许她的亲人及时说服了她。总之，在我看来，你认识了一个多么明智而有思想的女孩子！记忆中这话我以前就说过：那是个多么有主见的女孩子！你的眼光没有错，而你的懦弱更没有错。

这份少年的懦弱，其实，说到底是心中怀揣的敬畏感。从字面意思上分析，"敬畏感"是指人们既敬重又畏惧的一种感觉。与此同时，敬畏感既包含又不局限于这两种情感，它是一种极为复杂的情感品质，是人们处理事务时的一种人生观和价值观。敬畏感会对人们的行为和思想起到一定的约束作用，这份约束让人们在对待外界的人和事的时候，能够保持一种恭敬的态度，并严格按照心中存有的相关准则执行，以避免犯错。所以说，敬畏感是人们内心对外界某件事物怀着尊敬且不敢逾越界限的一种处事行为；正因为敬畏，人们在实施自己行为的过程中才会有所顾忌，才不会肆无忌惮。

众所周知，在自然界，世间万物都处于有序运动的状态。比如，春夏秋冬是一年的四个季节，如果四个季节发生颠倒，人们将无法适应环境。一个人成长的不同阶段有不同阶段的使命，青少年时期是一个人志向的确立阶段，最根本的使命是"养其心之大者"，即通过努力向学，确立属于自己的合乎时势的价值观，并且不断通过学知识、长本领，为将来蓄积更多的能量。如果在本该一心求学的年龄段，沉溺在儿女情长之中，不但会因此耗费大量的时间与精力，影响学业，而且极易造成心理创伤和精神痛苦，这样将来凭什么就业，靠什么成才发展，凭什么立足于社会、为国家做贡献呢？

在心中的戒尺面前心存敬畏，裹足不前有时是一种慎重，是一种慎重的大智慧！你应该庆幸于你的懦弱，不是吗？老师还希望你能记住：不是每朵花都能结果,也许有时它只是你生命里的一朵昙花,虽然开得灿烂,却会早早凋零。

慢慢前行,终会快起来的

璐璐是个极为平常的女孩子,无论学业还是长相。

但就是这个璐璐,却让我刮目相看。

初次刻意地留心璐璐,是在一节寻常的语文课上。挑璐璐起来回答问题,不知道是什么原因,一句简单的话璐璐要重复十多次还说不完,其他同学则全程看着她笑,越是笑,她脸越憋得通红,越是一个字也倒不出来。这女孩子结巴?口吃?不对,下课我和她闲聊的时候,很正常的啊!可是,看同学们的神情,似乎她一直就这样!并且早已经成为大家心照不宣的事情了!

我为璐璐找了个"可能太紧张了"的理由,就让她坐下了,毕竟课堂时间有限,不允许有太多的停留。但是,我没有忘记叮嘱大家不要笑璐璐,尽管这是善意的笑。好在璐璐很开朗,对大家的笑也不甚介意。

真正让我惊奇的是那节公开课。班级的课堂气氛一向不够活跃,尤其是有其他教师与领导来听课的时候。那是一节作文指导课,开场一个难度不大的问题,但全体冷场。我的心里便有些焦急,刚要直接点名来回答问题(我不大喜欢用这种方式,感觉这样对没有准备好的同学不够尊重),角落里的璐璐举起了手。虽然,我知道她可能会说得不完美,但只要学生开了口,做老师的就会帮她指正、完善,错误也会在课堂上得到转化。于是我点了璐璐的名字,出乎意料的是,璐璐居然一气说完,没有丝毫停顿。望着自信的她,我和同学们面面相觑,大家做梦也没有想到,第一个打破这尴尬局面的会是她——璐璐。而下一节课,璐璐依然结巴,结巴得真实、可信，甚至有些可笑。我心里的疑惑越积越多，为什么会这样？

课间和璐璐她们闲聊的时候，我才知道璐璐有个绰号叫"复读机"，因为她每次上课回答问题，都是在结结巴巴地重复，无论是什么学科。甚至有调皮的男生，在旁边偷偷配合璐璐，模拟着开关重播键的动作。而璐璐每次都不负"众"望，重复得一塌糊涂。璐璐成了课堂上的调剂品，只要璐璐站起来，教室里就充满了快乐的气氛。我感到很难过，为同学们的不懂事，为璐璐不应有的缺陷。

"咱班的同学都有类似这样的'美名'吗？"为了璐璐不受伤害，也为了转移话题，我刻意为所谓的"绰号"披上了美丽的外衣。"好多同学都有呢……老师，您知道以前人家叫我什么吗？"是璐璐在问我。"还真不知道呢！""他们叫我'地老鼠'，也有喊我'狐狸'的，都一个意思。"璐璐不好意思地笑着说。"地老鼠""狐狸"？我不由地看向她，中等的个子，一头天然微卷的长发，眼睛不大但很有神采。这和"地老鼠"有什么联系啊？"我以前走路的时候，姿势不大好，这样——"璐璐向下耷拉着肩膀，弯着腰，垂着手（样子确实不大雅观），"所以他们送给我这样的绰号，后来我注意改正了走路的姿势，他们也就不再这么喊我了。"璐璐一脸坦然，似乎在诉说着别人的故事。

我不知道璐璐经历了怎样痛苦的心理挣扎，但我相信，在她挺直脊梁的那一瞬间，已经化茧成蝶。"这样看来有绰号也好，可以让我们直面缺点并克服它。那你这'复读机'怎么到了关键时刻就不'复读'了呢？"见璐璐能够正视自身的缺陷，我又把话题绕了回来。"老师啊，你不知道我课后下了多少功夫，我对着录音练，对着电视上的播音员练，逮着爸爸就说，抓着妈妈就练。"说着璐璐眼圈红了，然后她仰起了头，"再说救场如救火啊，我总不能眼看着老师您孤军奋战啊！所以我不知不觉地一口气就说完了。"

这个看起来很慢，却又如此勤奋的璐璐！

我想到了印第安人的一句谚语"请别走太快，等一等灵魂"，想到了那些像地里种子一样的孩子。他们扭动着身躯，在土壤里艰难地找寻光明，怯生生地吐出嫩芽，但他们不知道的等待自己的是狂风骤雨还是和风细雨？在这个艰难跋涉的学习和成长的道路上，有的孩子天资聪颖，学习起来毫不费力；有的孩子却要付出艰苦的努力，经受无数次的错误、挫折和失败，才能一步步走向成功。为了帮他们尽快提高，我们做老师的绞尽脑汁、想尽办法，但他们似乎总在和我们作对：上课时不时地分心，作业错字连篇，做题时丢三落四……我们厉声训斥他们，我们恨"铁"不成"钢"，我们恨不得把知识一股脑"灌"给他们……我们总是站在自己的角度去要求他们，甚至是苛求他们，却很少走进他们的内心，聆听他们的心声。在这个过程中，是我们的脚步走得太快，快到已经忘记了等待。

鲁迅先生在《华盖集·补白》中提及韩非子教人竞马时说："其一是'不耻最后'。即使慢，驰而不息，纵令落后，纵令失败，但一定可以达到他所向的目标。"竞马要慢，教育何尝不也是慢的艺术？每个学生都是独一无二的特殊个体，一人一面，千人千性。作为教师，我们要改变的不是学生的个性，而是尊重学生，在他的个性上引导他发展进步。更何况，这些学生大多本性纯良，有更强的同理心，他们更能感同身受、推己及人体察到他人的不易，就像璐璐。

每个人身上其实都潜藏着巨大的能量，这种潜能就好像金矿一样埋藏在我们平淡无奇的生命里，到了一定的时候，这些金子就会闪光。璐璐，她情急之中只想到了救敬爱的老师于"水火"之中，于是不再在意自己的荣辱，在这种情形下，还有什么是她可以畏惧的呢？

又一节公开课，我请同学们朗读一下大屏幕上的文字。安静的环境、陌生的多媒体教室，大家又没来由地紧张，紧张得甚至忘了抬头。璐璐，还是璐璐高高地举起了手。一百来字的内容，璐璐只重复了一次，就很流利地读了出来。然后，璐璐骄傲地看着我，我也含笑凝视着她，我们都没有说话。不知道是哪个同学带头，角落里依稀响起了掌声，慢慢地，同学们全都抬起了头，我们一起鼓掌，为璐璐的直面挑战，也为每一个同学不再胆怯。每一道眼波都流淌着只有我们才能读懂的笑意，而任由听课的老师张目四望。

"老师，璐璐上一节课又'复读'了。"还没进教室同学们便纷纷向我汇报。

璐璐的脸上又浮现出了可爱的红晕。

"慢慢地，慢慢地就会好的，是吧，璐璐？"我笑着看向璐璐，这个平常得再也不能平常的女孩。

习与性成，打好人生的底稿

被抽调参加高考监考工作，坐在安静的考场看学生答卷，不用为工作而烦扰，也不用为学生的成长而费心，有了更多的时间去观察考场内外的点滴事情，能更冷静地透过考场的围墙去思考更多。

刚发下草稿纸的时候，发现一位考生仔细地将草稿纸对折成四，起初我没加理会，只是在想收卷的时候能不能展平以利装订，因为任何考试用纸都是需要存档的。然后我就发现在答题过程中，该考生井然有序地在折叠后的草稿纸上演算，题号清楚、过程清晰，既节省了纸张，又有利于做后序检查。心内就对这名考生另眼相看，转视其他考生，发现在他斜方的考生及斜方的斜方的考生也全都如此。因为知道为避免考场作弊，每位考生的前后左右都不是本校的同学，由此可以推知斜方交错的考生基本出自一个学校。也就是说，这个学校的学生几乎全部养成了如此运用草稿纸的良好习惯。

一个小小的细节，渗透着的是教师平日的悉心引导。无论是日常练习还是大型考试，确实应该关注草稿纸的使用，平时训练有素，考场上才能收到良好的效果。正规考试一般每人只发一张草稿纸，有的学生一张草稿纸先后从不同方向写写、画画，导致整张草稿纸杂乱无序、界限不清。而把草稿纸折叠分为四块，写清题号，按试题序号进行演算，依次呈现各题的演算、推导过程及其结果，这样在检查时就更便于及时发现自己的错误。

可以说，小小的草稿纸，背后折射的是师者的悉心教导、学生的持久努力，是长久的学习和行为习惯的养成。

记得有次和一个朋友闲聊时说，有一次开家长会他坐在孩子的座位上，发现孩子的课桌洞里塞得满满的，卷子、课本、废纸、苹果核、卫生纸……几乎无所不有。一堂家长会，他啥也没听进去，就是涨红了脸坐在那里，用手悄悄整理着孩子的桌洞，用他的话说羞愧得就差把头埋到课桌洞里去了。这个朋友说完后，深有感触地说，孩子小时候在爷爷奶奶全方位的照料下，一直过着"衣来伸手、饭来张口"的生活，所有的物品摆放有专人收拾，本来想着孩子大一些就好了，却没想到孩子上学后竟是这样的一团糟。

《后汉书》里记载，东汉时期面对薛勤的反问"一屋不扫，何以扫天下"，陈蕃无言以对，而后开始注意从身边小事做起，最终成为一代名臣。孩子的教育，很多家庭是从让孩子整理自己的玩具这样的小事开始的。父母教孩子整理东西，会先教他把东西分类，然后告诉他同类的东西要放在一起。比如，书要放在书架上，积木要放在箱子里，拖鞋要放在鞋架处，东西用完以后要放回原处……不仅可以让居住环境更舒适整洁，还可以培养孩子受用一生的秩序、学习和逻辑思维等多方面的能力。

我的孩子从小就会将物品摆放得很规整，到了大学以后他回来告诉我宿舍里有一个男同学，每天睡觉前都会把脱下来的衣服叠放整齐，无论是衬衣还是牛仔裤；床铺更是一尘不染。孩子最后感慨地说，他浑身上下流淌着一种叫"教养"的东西，是自己模仿不来的。

想起苏联教育家苏霍姆林斯基的话："在人类心灵的花园中，最质朴、最美丽和最平凡的花朵，是人的教养。"什么是教养？教养，是教育和养成，是文化的传承和后天学习的规范。一个人的教养，不是先天就拥有的，而是后天的学习教育和周遭氛围培养出来的良好品质和行为习惯，是经过人生历练和修行所沉淀下的德性，是一种长期形成的思维方式、处事态度。它是由一再重复的思想和行为形成的，有着有很强的惯性，像轮子的转动一样。正所谓"习与性成"，长期习惯了某种行为或者生活环境，就会逐渐养成相应的习性，进而影响到个人的未来发展。

《三字经》中有言："养不教，父之过；教不严，师之惰。"可以说，好的习惯是一个家庭传承给孩子的最好礼物，是一个学校给予学生的最好馈赠，而习惯的力量不经意间会影响人的一生。

收卷的时候，我发现这些考生已经不知道在什么时候将折印展平，交上了一份清爽而平整的草稿纸。

坦然面对，经历的一切都是财富

也许一直只是媒体过度炒作的结果，看惯关于高考热爆的新闻：什么家长联合去校园驱赶树上的鸣蝉，什么赶考路上交通堵塞，高考应急预案……或许城市还太小，或许家长已经变得更加理性，总而言之我看到的高考，就是一场寻常的考试。考试前，教室外面散落着三人一簇四人一堆的闲聊的考生，另有几人在树下安静地做最后的热身复习；入场铃声响起，并不见考生匆匆入内，他们宁可在外面多用一分钟呼吸新鲜空气。那份悠闲与平和让第一次监高考的我也不觉轻松了许多。

考场上更是百态尽现：有考生在缓慢地嚼口香糖，有考生边思考边熟练地转动着手中的笔；有不时长吁短叹的；居然还有伏在桌上约见周公的……我前去将睡着的考生轻轻拍醒，不希望他的考场经历就在这梦中度过，却也见他醒后奋笔疾书，不清楚是不是周公予他以灵感。

也许考前我们叮嘱孩子的是全力以赴，尽心尽力，然而等真正走到高考这一环，我们只能宽慰，"好则好矣，差则差矣，唯尽心而已"。高考是生命中的必经阶段，然而它毕竟不是生命的全部。

最后一场的基本能力考试，因时间充裕，试题难易适中，终于看到了考生的更多放松。清点草稿纸的时候，我除了看到正常的演算过程、一些手写的歌词，居然还看到了如此的文字——

> 高考也不过如此
> 虽然我可能已经失败
> 然而我未曾后悔
> 没有遗憾……
> 还有十几分钟就要结束了
> 三年的欢笑和泪水
> 都注定了将如云般散去……

原来，在有些学生的心里，他们感受的高考除了有对未来的彷徨，更多的是对曾经岁月的留恋，他们三年不可取代的不可重返的鲜活的青春就这样逝去，并将永远烙印在心灵深处。读着这略带忧伤的文字，想起他们所付出的汗水和泪水，念及他们青春的梦想，我的眼睛不知不觉地湿润了，抬眼看向稳稳坐着等待我最后一次发布"可以离开"的指令的他们，顿时百感交集，情难自禁，唯有莞尔一笑，轻启双唇："回——家——吧！"至今犹记每一个考生不约而同回我的最暖最默契的微笑，以及他们闪闪发光的眼睛，这或许是教育带给每个学生最成功的印记吧！

在学校门口，我见到正扶栏张望的家长们，心里蓦然揪紧。不知道几日之后，该是谁家欢乐谁家忧愁。

录下高考众生相，不为指责不为有所贬抑，只是想对所有的考生家长说，高考在我们眼中也许过多地注入了功和名、利和欲，我们所关注的往往是最终的结果；然而对大多数学生来说，他们更珍惜的是逝去的青葱岁月，那段永远难忘的人生历程。这里有他们太多太多难以割舍的情怀，对校园、老师以及同窗的怀念将永远与生命缀连在一起。因此，无论这个六月是晴空万里，还是阴云密布，请一定不要轻易地否定他们曾经所走过的路程，因为人在成为闪闪发光的自己之前，总要经历许多的事情。如果他成功了，就真诚地祝贺他；他挫败了，就赐以勇气与信心，让他把这一切当成人生的第一次历练。

把生命中经历的一切都当作财富，敞开心扉，坦然面对之，跨越之，永远向前！相信那些内心深处未曾泯灭的愿望，只要在现实生活中融入一点点梦想的火苗，便又会在黑暗之中熊熊燃烧起来。因为每一处黑暗的罅隙，总会缝合着生命的奇迹……这又何尝不可以作为成年人的自我勉励？

写下本文后不久，我读到了邻居家的女儿高考结束后写下的一段文字："高考成绩出来的那一刻，我本以为自己会大哭一场，但没有，泪全被妈妈流干了，我只是觉得一直悬着的心放下来了，很平静。平静地走入高考考场又平静地走出来，平静地接受了自己的成绩，平静地进入了家门口的大学。"她的感受不正和我在考场上所亲眼看到的如出一辙吗？

彼此成就，最高级的师生关系

人生有几个四年，我伴着你，从初一至初四。

四年啊，从初一教你至初四，你的成长，我的青春，让我喜来让我忧。

你知道吗？今天当我悄悄看向你的时候，发现你已经不再是那个我要微微弯下腰，才能直视的那个少年。我甚至需要仰起脸，才能看清你的眼！而你的眼睛，已经不再像以前那样轻易地流露出你的热爱和憎恨、快乐和悲伤。你已经学会了掩饰，学会了不轻易将喜怒形于外，学会了话到嘴边又咽下。这份变化，让我欣慰，也让我有些失落。当然，我也意识到我已经不能如以前那样，可以随意地触摸你的头，轻刮你的小鼻子！因为你好像突然之间已经长大了！

每年新学期时学校会按照惯例，打乱原来的班级重新编班，于是，每一年我的班级里都会融合进新的学生。记得升入初四后第一天的第一节课，我走进教室，没有保留地谈了对同学们进入初四的第一眼的感受，然后请你谈谈对老师的印象或者期望。没曾想，只是初次接触，教室里马上活跃起来，"感觉老师很淑女""认为老师很温柔"……不一而足。尽管我依然笑靥如花，然而我清晰地感受到心灵深处的轻颤：原来你已经有了自己的评判，你已经不再是那个对美很模糊的孩子了。还记得初一那节语文课吗？我请你运用比喻的手法描写一个身材苗条的少女。你说："她长得像电线杆子一样亭亭玉立。"望着我摇头之后你的惘然与无辜，我只能戏谑："就将我们不能准确为美丽进行定位的，这青涩而纯真的初一，称作'电线杆子'时代吧。"然后，我抿嘴笑看你们，任由你们笑得此起彼伏，东倒西歪。

我知道，你终会明白什么才是风姿绰约，什么才是玉树临风。而且，时光还终将告诉你，丰润是美，清纯是美，挺拔是美，而一切的美，都抵不过心灵之美。

当我转头随机提问那个坐在角落里的你时，我分明听到了一个轻微且上扬的"啊？"，你那意外的表情把我的心莫名揪紧：那是个连阳光也忽视的角落吗？那里有颗难以融化的含冰的心吗？初一时我就是你的老师啊，那时课堂上的你，高高的手臂举过了头顶，"叫我，叫我"的喊声，一直印在了我的心里。可是，为什么现在的你竟然低着头不敢与我正视？你的胆怯与躲闪，让我羞愧。因为我深知，我的任务不应该是搬运知识，而应是唤醒。唤醒你内心自律的因子，唤醒你内心求知的因子，唤醒你内心向上的因子。这些唤醒不是说教，不是外来的威压，是让你看到优秀的别人，看到优秀的自己。只有这样，你才能真正地投入自己成长的愿景中。

孟子曰："君子有三乐，父母俱存，兄弟无故，一乐也；仰不愧于天，俯不怍于人，二乐也；得天下英才而教育之，三乐也。"为什么在孟子眼里，"得英才而教育之"是令人快乐的事呢？我认为其实在于师生的彼此成就，犹如一个学生进步的开端，源自老师的积极反馈。同样，一个老师最原始的成就感，一定是来自学生给到的积极反馈。想起最近几年伴随着越来越多的青年教师进入校园，我慢慢地成了学校的老教师，看着镜子里新增的皱纹有时难免黯然神伤，因为深知医生是"老"的好，教师却是年轻的更受欢迎。当我的同事告诉我，同学们背后亲昵地称呼我"红红"的时候，我从心底里感谢爱我的每一个学生，是你们让我变得更有自信，也更有底气。以前我总说，我是你成长路上的见证者，现在我要告诉你的是，你也是我成长路上的见证者。

可以说，彼此成就是最高级的师生关系：老师教导学生，学生能够有所裨益；同时，教师勤于自我加压，敏于教学相长，虚心向学生学习，与学生同进步、共成长。如此，菁菁校园，我们相伴着走过，彼此见证，彼此成就，甚好！

第四章

读写实践园

● 本章看点

对于中小学生来说，人物描写的各种方法是记叙文写作的支柱。如何结合自己的生活体验，从阅读的经典名篇里借鉴到相关的描写方法，让自己所要表现的人物形象饱满、生动鲜活呢？

筛选一系列青少年喜闻乐见、值得借鉴的佳作名篇，以情境体验（解决"写什么"的问题）——阅读借鉴（解决"怎么写"的问题）——自主写作（解决"学会写"的问题）——讲评修改（进一步解决"学会写"的问题）等活动环节展开课堂教学，就能很好地做到阅读与写作相依相生，相辅相成。可以说，本章教学实录既能给教师以启迪，也能给学生以指导。

肖像描写，淡妆浓抹总相宜

【学习目标】

1. 能够通过赏析肖像描写片段，掌握肖像描写的方法。
2. 能够在具体的情境中学会运用所掌握的肖像描写的方法。

3. 能够通过对肖像描写方法的借鉴，体会如何借鉴文学作品。

一、情境体验

师：不知不觉间校园生活已经快满七年了，现在请同学们闭上自己的眼睛，想一想，在这七年里哪一个同学让你最难忘？（停顿）此时此刻，伴随着你的回忆，你的眼前出现了一个怎样的同学？他的肖像有什么特点？

生1：最难忘我的小学同学。他黑黑的脸庞，不高不矮，性格很活泼。

生2：我现在的同桌。他有着大而有神的眼睛，笑起来很好看。

生3：最难忘的是我的好朋友。她梳着马尾辫，衣着总是很整洁，还很乐于助人。

师：同学们，总有那么一个人，留在了我们记忆的深处，成为我们年少时光的美好见证。有一个叫桑桑的孩子，有一天他爬上了学校的草房子，看天上的白云，正悠悠远去；看树上的叶子，正悠然飘落。就要离开的他忽然哭了，哭声里他的眼前出现了好多人。今天，就让我们一起和桑桑穿越时空隧道，走进一座别具特色的《草房子》，欣赏里面人物的肖像描写。

二、阅读借鉴

（一）以衣知人

师：桑桑是个怎样的男孩子呢？小说里有一段对桑桑衣着的描写，我们一起来欣赏。

（屏显）听了纸月的外婆的话，桑桑突然不安起来，因为，桑桑看到了自己的样子：没有穿鞋，两只光脚脏兮兮的；裤子被胯骨勉强地挂住，一只裤管耷拉在脚面，而另一只裤管却卷到了膝盖以上；褂子因与人打架，缺了纽扣，而两只小口袋，有一只也被人撕下了，还有一点点连着。

师：作者是按照什么顺序来写桑桑的样子的？

生1：从下到上的顺序。

师（追问）：为什么按照这样的顺序？

生1：因为这是写桑桑低头看自己。

师：从这段描写中你读出了怎样的桑桑？

生2：年龄小，是个调皮的孩子。

师（追问）：你是从哪里读出的？

生2：光脚、裤管、缺了纽扣的褂子，还有小口袋……

师：同学们读得很仔细。刚才我们是从桑桑的衣着知道了桑桑的性别、年龄、个性，我们可以称之为"以衣知人"。同样的衣着打扮，比如光脚，在不同的情景中表达的意思是不一样的。如这个语段，（屏显）"一个小姑娘瘦瘦的苍白的脸，穿着一身破旧的衣裤，光着两只脚丫"，你从中读出了什么？

生3：可以读出这个小姑娘很穷，还有点营养不良。

师：服饰打扮是肖像描写的一部分内容，从中我们也能够看出一个人的生存状态、经济状况等。你从中能够借鉴到怎样的写作经验呢？

生4：描写一个人的衣着时要有一定的顺序，要能体现人物的特点。

师：纸月的外婆说了一句什么话让桑桑不安了呢？原来外婆说，"谁都知道，桑校长家有个长得很俊的男孩叫桑桑"。可桑桑看看自己，再看看旁边的纸月，忽然自惭形秽，于是，他开口向妈妈要一件新褂子。当桑桑主动洗了澡，穿了白褂子到学校时，老师和小伙伴们会有怎样的反应呢？

生5：会惊呆了。

师：此刻桑桑究竟是什么样的？原作没有进行正面描绘。如果你就是这些小伙伴中的一员，会怎样描写他的衣着？可以联想你或者你的同学穿上新衣服时的情景。

阳光下，只见他——

学生完成习作。生交流，教师随机点评。

生6：只见他穿一件崭新白褂，一排纽扣整整齐齐，两边各一个小口袋，神气地挺在腰间；灰色的长裤熨得平平展展，裤腿各挽起一道边，正好露出那双干净的白袜子；再套上一尘不染的小白鞋，整个人忽然明快、舒适起来了。

师：同学们评价一下这段肖像描写。

生7：他是按照从上到下的顺序，写出了桑桑的整洁和神气。

师：是的，尤其是写小口袋时，用了一个动词"挺"，活灵活现，神采飞扬。

（二）以形传神

师：桑桑眼中的同学又是怎样的呢？我们一起来认识这样一个男孩。

（屏显）秃鹤的身材瘦而高，两条长腿稍微细了点，但他的凸是很地道的。他用长长的好看的脖子，支撑起那么一颗光溜溜的脑袋，上面脑袋绝无一丝瘢痕，光滑得竟然那么均匀。阳光下，这颗高昂着的头颅像打了蜡一般地亮，无端地闪着倔强的光芒，让他的同学们不禁想起，夜里它也会亮的。

师：这段肖像描写分别描写了人物的哪些方面？重点写了哪个方面？

生1：身材、腿、脖子、脑袋。重点写了脑袋。

师（追问）：脑袋有什么特点？

生1：凸，具体来说是很光滑，很亮。

师：你印象最深的是哪个句子或者词语？你从中读出了什么？

生2："昂着的头""光芒"，从中读出了秃鹤个性倔强。

师：通过人的外形来表现内在，我们可以称之为"以形传神"。这个"形"可以理解为身材和容貌，"神"可以理解为人的性情、品质、风度、气质等。

师：现在老师来做模特，同学们端详一下老师，如果你们来描写我，通过这短暂的接触，你觉得我是怎样的人，通过哪个部位能表现我的这个特点？

生3：我觉得您是一个很温柔的老师，我是从您的眼睛看出来的。

师：如果请你来写一下老师的眼睛，你会怎么写？

生4：我也是觉得老师最独特的地方是眼睛，就如一汪春水那么柔静。

生5：那一双眼睛，似秋水盈盈，又似月光皎皎；明澈柔和的眸子里，透出她清澈的眼神，和春天一样，温润而明净。

师：你们太会表达了。鲁迅先生说："要极省俭的画出一个人的特点，最好是画他的眼睛。"作家刘心武在作品里也这样描写他的老师："眼睛不算大，但能闪闪放光地看人，撒谎的学生最怕他这目光……"我一直希望也能有这样一双眼睛呢！

（三）以貌抒情

师：眼睛能传神，更能传情。现在我们随着桑桑走进这样一个瞬间（请同学们闭上眼睛用心听）——

师：桑桑永难忘记邱二爷领养的男孩细马。当邱二爷的家产因暴雨决堤化为乌有，细马要被送回到他的家乡了。细马上车后，将脸转过去看邱二爷。

（屏显）他看到邱二爷眼睛潮湿着站在秋风里，一副疲惫而衰老的样子。他还发现，邱二爷的脊背从未弯得像今天这样驼，肩胛从未瘦得像今天这样隆起，脸色从未黑得像今天这样枯——枯黑得就像此刻在秋风中飘零的梧桐老叶。细马将脸转回头来哭了。

师：同学们请睁开眼睛。回想一下你刚才内心有怎样的感受？

生1：我的眼睛湿润润的，我在心里替细马难过。

师：你感受到了邱二爷和细马彼此之间有着怎样的情感？

生2：留恋、不舍。

师（追问）：作者是通过描写哪些动情点来抒发感情的？这些动情点有什么样的特征？

生3：眼睛、脊背、肩脚、脸色。眼睛潮湿，脊背弯，肩脚瘦，脸色黑。

师：除了这些，作者还借助排比和比喻的修辞方法来抒发情感，我们可以把这种方法称为"以貌抒情"。这个"情"除了这个片段所流露的情感，还可以有哪些情感呢？

生4：愧疚之情。

生5：关爱之情。

师：是的，情感的世界是丰富多彩的，还可以有担忧之情、痛恨之情，等等。我们还可以借助身体的哪些部位来抒发感情呢？

生6：手、皱纹。

生7：头发、脊背等。

师：细马从一次凝视中发现了他以前从没发现的世界，我们的作文为什么写不好，常常是因为只完成了扫视，没有完成凝视。正如一位作家所说："未经凝视的世界，是毫无意义的。"

三、自主写作

师出示练习：请描写自己曾经对家人的一次凝视，可能是妈妈带病为你做饭时的情形，也可能是你离开老家时爷爷奶奶为你送行时的情景，等等。从中选择恰当的动情点，可以借鉴本节课学习到的句式，也可以借鉴作者运用的修辞方法。

学生写作。

四、讲评修改

小组交流，集体交流。

生1：我转过身，不远处爷爷正挥着手。他平常总板着脸，此刻眼角却隐隐有泪光晶莹闪烁。我看着爷爷，酸楚感莫名地浪潮般涌上心头：那直挺的腰呢——他的腰从未驼得像今天这样佝偻；那浓密的发呢——他的发从未落得像今天这样稀疏；那光洁的脸呢，他的脸从未皱得像今天这样松弛。他的整个人，就如一棵饱经风霜的老松，衰老而沧桑。

生2：妈妈又在厨房忙碌了。隐隐地，透过蒸汽，能看见她泛红的脸。突然，她捂住肚子，像被什么东西扎了一下，眉头紧锁着，嘴唇抿成缝，她佝偻着的身躯像一棵被积雪压弯的竹。可这样仅过了几秒，锅里发出"滋、滋"的声音，妈妈又重新挺起腰，转身去查看锅里的情况了。

生3：也就是那么一瞬间，我与她对视，漆黑如夜的眸子里盈满了期待与热忱，那炯炯有神的双眼就像一对闪着微光的黑珍珠，纯洁无瑕，使我感到说不出的安心，恍惚间，好似乘一叶扁舟，随风飘荡于湖面一般潇洒悠然。

师：同学们的练习完成得不错。老舍先生曾说："人物的外表要处，关键在于一个'情'字，足以烘托出一个活的人格。"这里面的人格，有时既包含着被写的人的人格，也隐含着作者的情怀，需要你用心品读。

师：同学们认识这个字吗？

金文是在甲骨文的基础上发展起来的文字，这个字是金文"鉴"。它很像一个人低着头在盆水中照自己的影像，所以"鉴"又引申为铜镜，或当镜子照。写作借鉴就是指借用别人的文章做镜子，对照自己，来吸取写作经验或教训。那么，学习了这节课，你觉得我们在写作中应该如何借鉴作品中的写作方法？

生1：我觉得借鉴不是去抄袭，而应通过学习提高自己。

生2：我以后读文学作品里的各类描写时，要仔细分析。

生3：要把别人的玫瑰移到自己园中，先得考察自己园中的情况，然后理解、改善别人的经验再进行移植。

师：大家很有自己独到的想法。一本好书，就是一轮太阳，它照耀着我们，也温暖着我们。书里有厄运中的相扶，困境中的相助，孤独中的相守。我想，我们从文学作品中借鉴的不应该仅仅是一些写作方法，还应是镜子般看到真实的世界和我们自己，或许这才是借鉴的最高境界。

结束语

同学们，一只大木船，将载着桑桑和他的家，远远地离开——他将永远地告别这片金色的草房子。我们每个人心中都有一个草房子，这个草房子里的主人公或许并不完美，但当你用心凝望，会发现他们也像一轮朝阳般喷薄着七彩的光芒。

宋代文学家苏轼有诗云："欲把西湖比西子，淡妆浓抹总相宜。"它的意思是如果把美丽的西湖比作美人西施，那么淡妆也好，浓妆也罢，总能很好地烘托出她的天生丽质和迷人神韵。也愿你们能饱蘸真情，通过对人物肖像的描写，为我们展现出一个或迷人或高贵的灵魂。

心理描写，中有千千结

【学习目标】

1. 学会通过内心独白、梦境展现和幻觉描写法直接表现人物的心理活动。
2. 学会通过神态、动作的描写间接表现人物的心理活动。

一、情境体验

师：同学们，每次看到你们漂亮整洁的校服，健康红润的脸庞，看到你们亮晶晶的眼睛，我都能感受到你们幸福而舒适的生活。可是，你们知道吗？这个世界上还有这样一群孩子——

（展示一组山区孩子过着贫苦的生活，但依然勤奋读书的图片）

看这些图片的时候，你们有什么样的心理活动？

生1：我看了这些图片，很难过，他们实在太不幸了。

生2：我很感动，他们生活得那么苦，却依然坚持读书。

生3：我觉得自己很惭愧，相比他们我的努力差得太远。

师：这个尘世间总有一些苦孩子在默默地生长着，我相信终有一天，他们会将所有的苦难都远远地抛在身后，焕发出金子般的光芒。刚才同学们分享的心情很真实，但作为心理活动描写的话还有些单薄，如何将自己的心理活动描写得丰满而细腻呢？我们一起从名著阅读中借鉴。

二、阅读借鉴

（一）内心独白

师：在一个谷仓里住着一群小动物，他们谁也不肯和小猪威尔伯做朋友，这时蜘蛛夏洛说"我做你的朋友吧！"。同学们猜想一下，如果你是威尔伯，会有怎样的心理活动呢？

生1：我会很高兴。

师：那作者是怎么描写的呢？哪位同学给大家读一下。（屏显）

生2："好了，"威尔伯在心里对自己说，"我终于有了一个新朋友，错不了！可这友谊多么冒风险啊！夏洛凶狠、残忍——样样都不是我喜欢的。我怎么能学会喜欢它呢？哪怕它好看，又聪明？"

师：你读出了威尔伯怎样的心理？

生2：我读出了它高兴又害怕的矛盾心理。

师：作者是用什么方法来表现威尔伯的心理活动的？

生3：自言自语。

师：这种自己对自己说话的心理活动，从文学作品的角度，我们把它叫作"内心独白"，通常在运用内心独白时要加上"想""心说"等提示语，并用"逗号"或"冒号"做标示。你什么时候会自己对自己说话呢？

生4：我会在遇到困难时自己鼓励自己，给自己打气。

生5：我会在一个人在家时自己和自己说话。

师：你会怎么说？

生5：记得那次我在心里想："这下我终于自由了，终于可以玩电脑了！可是要是被妈妈发现了，会不会后果很严重？"于是，我还是乖乖地写起了作业。

师：很了不起，你在自我说服中战胜了另一个"我"。

师：不管怎样，小猪威尔伯毕竟有了自己的朋友。因为有了夏洛的陪伴，威尔伯不再孤单——

（二）梦境展现法

生1（读）：在呼啸的寒风中，躺在仓底的威尔伯睡着了。在梦里，它看到丁香花开了，听到了可爱的歌雀在唱"甜滋滋，甜滋滋，甜滋滋"的插曲！

师：透过小猪威尔伯的美梦，我们窥见了它怎样的心理？

生2：又开心又幸福。

师：作者是用什么方法描写威尔伯的心理的？

生3：用它做的美梦。

师：是的，用了梦境展现法。文学作品常常接着梦境来表现人物的内心世界。这梦常常是作品中的人物最想或最怕看到、听到的。你记得做过的美梦或者噩梦吗？

生4：记得有一段时间我练琴练得特别刻苦，有一天晚上做了一个梦，梦见自己比赛时收获了热烈的掌声，最后果然取得了好成绩。

师：梦是我们的秘密真情，透过它，可以窥见一个人真实的内心，所谓"日有所思，夜有所梦"，说的就是这个道理。

（三）幻觉表现法

师：美好的日子总是消逝得很快。有一天，老羊告诉威尔伯一个天大的坏消息："我听说人们要在圣诞节前把你杀掉！"同学们猜想一下，此时此刻，威尔伯会有怎样的心理活动？

生1：它心里会害怕极了。

生2：它会吓得瑟瑟发抖。

师：怎么写出这份害怕、恐惧呢？我们一起来欣赏作者的描写，哪位同学给大家读一下。

生3：威尔伯开始神思恍惚，它仿佛看到人们拿着大刀来捉它，提起步枪来射它；似乎见到人们把它做成了烟熏火腿，腌成了松脆熏咸肉。

师：作者用了什么方法来描写威尔伯的心理？

生4：幻觉。

师：对，就是幻觉表现法，这种幻觉是人物最想或最怕看到和听到的，在进行幻觉描写前也需要一些提示语，如仿佛看到、似乎听到等。日常生活中，你有产生幻觉的时候吗？哪位同学愿意和我们分享一下。

生5：有一段时间，我贪玩不好好学习，考试考砸了，走在路上我仿佛看到爸爸那双瞪圆了的冒着怒火的眼睛，仿佛听到了妈妈那压抑着的时断时续的哭泣声，那一刻我心里后悔极了。

师：后悔不如行动。面对小猪威尔伯的恐惧，夏洛是怎么做的呢？"我不会让你死"，为这句承诺，夏洛付出了自己的生命——

（四）神情衬托

师：请同学们齐读。

生齐读："你不会死，我救你。"为这句承诺，夏洛耗尽了自己的生命，当威尔伯知道这一切时——它的眼睛里涌出了泪水，它大声抽搭着，浑身哆嗦。它一遍遍在心里喊："夏洛，我忠实的朋友，请不要离开我！"威尔伯的眼前仿佛出现了夏洛和自己朝夕相伴的情景，于是，更多的泪珠从它的眼角滚落了下来。

师：同学们看，这里作者运用了什么方法来表现威尔伯的心理活动？

生1：有内心独白。

生2：有幻觉描写。

师：还有呢？

生3：还有神情描写。

师：神情描写往往和动作描写结合在一起，共同衬托人物的心理活动。蜘蛛夏洛究竟是怎样帮助小猪威尔伯的呢？老师希望你在课外书中找寻答案，这本书就是风靡世界的《夏洛的网》。

师：夏洛和威尔伯的故事让我们久久回味，正是有了这样至真至善的情感才让我们对这尘世倍加留恋，而这也正是文字的魅力。现在就让我们拿起手中的笔，用文字抒写心灵。

三、自主写作

师：请根据我们课前的情境体验，运用两种或两种以上的方法来展现你们观看苦孩子图片时的心理活动。

学生写作。

四、讲评修改

小组交流，集体交流。

师：我们集体交流，请同学们用心聆听并进一步完善修改自己的作品。

生1：当老师点开那组图片的一瞬间，破屋前的一个少年久久地吸引了我的视线。我好像能看到他背后那个穷困潦倒的家庭，似乎能触摸到他孱弱身躯里跳跃的高贵的内心。

师：哪位同学评价一下他的作品？

生2：他只运用了幻觉描写，方法比较单一。

师：那还可以怎么添加内容？

生2：可以加上内心独白，比如我好想对他说："请务必坚持住，所有的苦难终有一天会过去，未来一定会与那个优秀的自己相遇。"

师：是的，这样心理活动就丰满多了。继续交流。

生3：看着他们通红粗糙的脸颊，长满冻疮的双手，我的鼻头不禁一酸，眼睛湿润了，泪水不知不觉盈满了眼眶。这个时候，我的眼前，仿佛出现了他们渴望读书的眼神；我的脑海中，仿佛听到了他们"我要读书"的呐喊！我对自己说："好男儿当立志成才，我的学习条件这么好，一定不辜负所有人对我的期望。"

师：你用了哪几种心理描写方法？

生3：我运用了幻觉描写、内心独白的方法，还运用了神情、动作描写做衬托。

师：你用了三种方法，很棒；并且透过文字老师还能感受到你向上的力量。

生4：他们和我同龄，却在为生活奔走，啃着干硬的馒头，眼睛却一刻也没有离开课本。我的心灵深深地受到了震撼，我在心里说："看看他们，坐在舒适的教室里我还有什么理由上课懈怠，还有什么理由课后沉溺于游戏？"我仿佛看到了他们和我，曾经的那个一遇挫折就萎靡不振的少年，在时光的隧道里重逢，并肩而立。

师：以书为鉴，以人为镜，可以长成自己期盼的模样。原来，心理活动描写可以如此细腻、感人。

结束语

"心似双丝网，中有千千结。"这是北宋词人张先在《千秋岁》里的诗句。它的意思是说，多情的心就像那双丝网，中间有千千万万个结。其实，正是这千千万万的情结，才让我们的心灵更加饱满、灵动。老师希望你们能用敏感的心灵体验生活，用博大的胸怀拥抱生活，相信历经时光的沉淀，你们的心灵也会变得丰富而细腻。

语言描写，闻声知人见个性

【学习目标】

1. 能够写出符合人物身份、性格和心理的语言描写。
2. 能够灵活运用提示语并结合神态、动作描写等对人物进行语言描写。

一、情境体验

师：请同学们闭上眼睛，听一个同学读一句话。

生1：本节课，我们将共同学习人物的语言描写技巧。

师：大家知道这是谁读的吗？

生2：是李明同学。

师：对，人的语调、语速、音高、音量都有自己的特点，所以我们能闻声知人。现在再请同学们听录音并判断说话的是一个什么样的人？

（播放音频）我国选手谷爱凌在北京冬奥会自由式滑雪大跳跃项目中，凭借一个漂亮的跳跃逆转了比赛局面，创造了历史，中国代表队在冬奥会上获得了这类项目的第一枚金牌。

生3：是个热情洋溢、富有激情的人。

生4：我能听出他对祖国的热爱。

师：同学们能够通过声音听出说话人的性格和品质。确实如此，语言是性格的声音。成功的语言描写的标准便是：听其声，知其人。

师：请同学们看大屏幕上的文字，你能看出"我"与李华各是怎样的人吗？

我说:"李华,第四题会做吗?"

李华说:"会!"

我说:"你给我讲讲吧,我不会做。"

李华说:"等会儿,你再想想。"

我说:"那好吧。"

生5:只看文字,发现不了人物的性格特征。

师:是啊,我给这段话下的评语是:一说到底,表述苍白乏味;流水叙事,人物面目模糊。

二、阅读借鉴

师:那么,怎样才能让我们笔下人物"说"得更精彩、更显个性呢?大家读一读聂华苓的一篇小短文,希望你们会有所启发。

人,又少了一个

三年前,也是冬天。一个骨瘦如柴的女人来到我家门前。

她头发蓬乱,脸色苍黄,穿着一件空荡荡的破旧花棉袄,和一条褪色的灰布裤子,手中提着一个白布口袋。她轻轻推开我家虚掩的大门,缩缩瑟瑟地探进头来。我正站在窗口。

"太太,我不是叫花子,我只是要点米,我的孩子饿得直哭!"她没等我回答,就自我介绍下去:"我也是大学毕业的。哪,你看。"她抖着手由内衣口袋中掏出身份证来,"这上面都写着的,这是我以前的照片!"

由于好奇,我接过她的身份证。那是一个富态的中年女子的照片:光亮细碎的发鬈,整整齐齐地贴在头上,淡淡的双眉,弯在那一双满足的眼睛之上,衣襟上还盘着一个蝴蝶花扣。

我端详着那照片的时候,她就一个人絮絮叨叨地讲了下去:"我先生坐了牢，我就一个人带着四个孩子，饱一天，饿一天。我替人洗衣服，付了房钱，喝稀饭都不够！孩子们饿得抱着我哭，我只有厚着脸皮出来讨点米。我只要米，不要钱，我不是叫花子，我是凭一双手吃饭的人！太太！唉！我真不好意思，我开不了口，我走了好几家，都说不出口，又退出来了！我怎么到了这一天！"她撩起衣角来拭眼泪。

我将她的口袋装满一袋米。她抖动着两片龟裂的嘴唇说道："这怎么好意思？您给我这么多！这怎么好意思！谢谢，太太，我不晓得怎么说才好，我——我直想哭！"她满着泪背着一袋米走了。

三年后的今天，我又看见了那个女人。她正站在巷口一家人家门前，我打那儿经过。她皱缩得更干更小了！佝偻着背，靠在门框上，脸上已经没有三年前那种羞怯的神情了，咧着一嘴黄牙，阴森森地笑着，用一种熟练的讨乞声调高声叫道："太太，做做好事，赏一点吧！太太，做做好事，赏一点吧！"只听得门内当啷一响，是金属落地的声音，接着是一声吆喝："一角钱拿去！走，走，谁叫你进来的？你这个女人，原来还自己洗洗衣服赚钱，现在连衣服也不洗了，还是讨来的方便！"

那女人笑嘻嘻的："再赏一点吧，太太，一角钱买个烧饼都不够！""咦，哪有讨饭的还讨价还价的？走，走，在这里哼哼唧唧的，成什么样子？"那女人的嘴笑得更开了："再给我一点就走，免得我把您地方站脏了，再多给一点！"

"呼"的一声，大门被踢上了。那女人回过头来，冷笑了一声，然后漠然望了我一眼，她已经不认得我了！

（一）个性化语言

师：你们从文中的语言描写读出了"女人"怎样的个性品质？又是从哪里读出来的？

生1：文章中的那个"女人"前后的个性品质是不同的。我从三年前的那个女人的"我也是大学毕业的。哪，你看""这上面都写着的，这是我以前的照片！"读出了她的自尊、自爱；从三年后"再给我一点就走，免得我把您地方站脏了，再多给一点！"这个句子中读出了"女人"的无赖和可憎。

师：你很善于发现，从对比的角度提炼出了人物的个性特点，同学们交流的时候也可以学习这一点。

生2：我从"我只有厚着脸皮出来讨点米。我只要米，不要钱，我不是叫花子，我是凭一双手吃饭的人！太太！唉！我真不好意思，我开不了口，我走了好几家，都说不出口……"读出了"女人"的无奈、令人同情。从"再赏一点吧，太太，一角钱买个烧饼都不够！"读出了一个女人变得是如此的贪婪无耻。

师：从"我只要米，不要钱"，到"一角钱买个烧饼都不够"多么鲜明的对比！

生3：从"我真不好意思，我开不了口"到用一种熟练的讨乞声调高声叫道"太太，做做好事，赏一点吧！""熟练的讨乞声调"意味着女人从一个有自尊心的家庭妇女黑化成了一个不劳而获的职业乞讨者的形象。

师：是的，没有任何曲折跌宕的情节，作者通过人物之口就完成了人物的"黑化"。当代作家艾芜说，作家不能强迫人物说话，而是人物在什么情况下，一定要说什么话。正所谓"人各有声，声各有调"，人物的语言要具有个性化，也就是能从中读出人物的身份、经历、文化层次、性格志趣、心理状态等。

师：我们来看这个闯关练习（一）。李华说："我会做。"要求：为人物设计个性化语言，并说明你所描写的人物的个性特征。

学生完成练习并交流。

生4：李华说："这么个小题对我来说还不是'小菜一碟'吗？"我要表现的是一个自信开朗的同学。

生5：李华说："我不会做谁还会做，就凭你们，想破头也做不来的！"我写的是一个心高气傲看不起人的同学。

师：李华是埋首学习不问外事，是开朗乐观古道热肠，是爱说爱闹大大咧咧，是心高气傲瞧不起人，是性格敏感自尊心强，还是不够自信性格内向？同样一个"会"，不同性格的人会有不同的表达。

（二）神情、动作描写

师：同学们注意"那个女人"讲话前的提示语，作者除了语言描写，还对人物进行了什么描写？有什么好处？

生1：运用了动作描写。那个女人第一次乞讨时她的动作是"缩缩瑟瑟""她撩起衣角来拭眼泪"，烘托了人物的羞怯与无奈，她是生活所迫不得已才出门乞讨的。

生2：作者还运用了神态描写。第二次上门乞讨时女人说话时的神态是"阴森森地笑着""笑嘻嘻的""嘴笑得更开了"，显然，她已经变成一个粗野、无赖、可憎的人了，廉耻之心早已荡然无存。

生3：还有这个句子，在"我"将她的口袋装满一袋米时，她是"抖动着两片龟裂的嘴唇"说话，是"淌着泪背着一袋米走了"，我从这里的神情描写中读出了"女人"对"我"的感恩之情。

师：你从人物的神情中窥见了人物的内心。回想我们学过的课文，提示语中有没有运用动作、神态、心理描写来表现人物的？举个例子。

生4："'恭喜恭喜！大家恭喜！真聪明！恭喜恭喜！'她于是十分喜欢似的，笑将起来，同时将一点冰冷的东西，塞在我的嘴里。"这是鲁迅先生《阿长与〈山海经〉》里对阿长的描写，运用了神态、动作、心理描写来衬托。

生5：孙犁《芦花荡》里的文字："老头子没听见，拼命地往前推着船，还是柔和地说：'不怕。他打不着我们！'"也是运用了动作和神态

103

描写来衬托。

生6：《爸爸的花儿落儿》里描写父亲的句子："他瘦瘦高高的，站到床前来，瞪着我：'怎么还不起来，快起！快起！'"也运用了神态描写。

师：把对话与人物的神态、动作等描写结合起来，会收到锦上添花的表达效果。我们来看闯关练习（二）。李华说："等会儿，你再想想。"要求：为人物设计个性化语言，在提示语中适当添加神态、动作、心理描写。

学生完成练习并交流。

生7：李华"腾"地一下站了起来，拍着我的肩膀说："兄弟，这个题难不倒你，你一定能想出来。"

师：你添加了动作描写，我读出了一个讲义气的男子汉形象。

生8：李华用力拍着我的肩膀，用那双圆溜溜的眼睛瞪着我："怎么这么一道题就"'掉链子'了，你用脚趾头想想，也能做出来啊！"说着，用手弹了弹我的额头。

师：请同学们评价一下这个同学的描写。

生9：他添加了神态、动作描写，写出了一个很善于鼓励人的同学形象。

师：热情又不失豪放。哪位同学能总结一下我们学到的语言描写的方法？

生10：语言描写要符合人物的身份、性格或心理，即做到什么人说什么话；提示语要恰当的添加动作、神态等描写方法。

师：我们还要注意提示语的位置要灵活变换。提示语在前——XX说："……。"提示语在中间——"……。"XX说，"……。"提示语在后面——"……。"XX说。没有提示语——"……。"

三、自主写作

师：从聂华苓的《人，又少了一个》里，我们能体会到的方法还有很多。老师还要提醒同学们注意的是，生活中一个人说的话会有很多，我们在写作的时候不能实录生活，一要学会剪裁生活，选择那些有生命力的能体现人物个性的语言，二要学会"看人下菜碟"，让文中人物说出他自己的话来。请从下面两个话题里任选一个完成对话描写。

1. 家长会之后。
2. 争电视。

学生写作。

四、讲评修改

小组交流，集体交流。

师：你们来做"小老师"，评评其他同学写得怎么样？注意要围绕本节课的学习目标进行评点。

师：同学们在完成语言描写时要注意尽可能做到符合人物身份经历，切合人物心理，突出人物性格；能够辅助神态、动作描写，同时注意正确运用标点符号，妙用修辞手法。

结束语

同学们，语言是一个人思想的体现，一个人所说的话，能表达他内心的思想；语言又像一面镜子，我们可以从一个人的语言里，窥见这个人的个性。希望同学们在写作中能运用恰当的语言描写，让读者"如闻其声，如见其人"，从而给读者留下鲜明而深刻的印象。

动作描写，举手投足皆有意

【学习目标】

1. 学会细致地观察不同人物的行为动作。
2. 能选取表现人物个性特征和精神风貌的典型动作进行具体描写。

一、情境体验

师：回顾课前布置的活动体验内容：

（屏显）方法导航

1. 观察人物的动作要全面细致，要注意动作的部位、先后、快慢、轻重以及动作的方向等。
2. 观察时还要善于选取人物富有特征的个性化动作进行观察。
3. 具体观察人物的动作时，还要根据实际倾听人物的语言，观察人物的表情及当时的环境。

活动体验内容

1. 放学时，选择一个同学仔细观察他收拾书包的动作。
2. 请仔细观察、体验一次卫生值日的过程。

二、阅读借鉴

师：阅读下面语段，选择你最喜欢的片段，说说作者运用了哪些富有表现力的动词？表现出了人物怎样的内心世界？

（屏显）片段（一）

他坐在那里捧着搪瓷碗，嚼着几根草根和我们吃剩下的鱼骨头，嚼了一会儿，就皱紧眉头硬咽下去。我觉得好像有万根钢针扎着喉管，失声喊起来："老班长，你怎么……"老班长猛抬起头，看见我目不转睛地看着他手里的搪瓷碗，就支吾着说："我，我早就吃过了。看到碗里还没吃干净，扔了怪可惜的……"

（《金色的鱼钩》）

片段（二）

……我终于爬上去了，蹲在石架上，心惊肉跳，尽量往里靠。其他的孩子慢慢地向石架边缘移动，我看在眼里，吓得几乎晕倒。

……我慢慢地把身体移过去。"看见了。"我说。

……我小心翼翼地伸出左脚去探那块岩石，而且踩到了它。

（莫顿·亨特《走一步 再走一步》）

片段（三）

常见闲散的少爷们，一只手指间夹着一支香烟，一只手握着一把瓜子，且吸且咬，且咬且吃，且吃且谈，且谈且笑。从容自由，真是"交关写意！"他们不须拣选瓜子，也不须用手指去剥。一粒瓜子塞进了口里，只消"格"地一咬，"呸"地一吐，早已把所有的壳吐出，而在那里嚼食瓜子的肉了。那嘴巴真像一具精巧灵敏的机器，不绝地塞进瓜子去，不绝地"格""呸""格""呸"……全不费力，可以永无罢休。

女人们、小姐们的咬瓜子，态度尤加来得美妙；她们用兰花似的手指摘住瓜子的圆端，把瓜子垂直地塞在门牙中间，而用门牙去咬它的尖端。"的，的"两响，两瓣壳的尖头便向左右绽裂。然后那手敏捷地转个方向，同时头也帮着微微地一侧，使瓜子水平地放在门牙口，用上下两门牙把两瓣壳分别拨开，咬住了瓜子肉的尖端而抽它出来吃。这吃法不但"的，的"的声音清脆可听，那手和头的转侧的姿势窈窕得很，有些儿妩媚动人。连丢去的瓜子壳也模样姣好，有如朵朵兰花。

（丰子恺《吃瓜子》）

片段（四）

老王用右手捏起一块芝麻烧饼，送到嘴边，小心而又狠力地咬下一口，几乎同时，他伸出左手，摊开巴掌，在下巴颏下接着；待一个烧饼吃完，那纷纷而落的芝麻也就铺满了一手掌。老王不慌不忙，将左手的五指向掌心一拢，芝麻便都聚拢在了一起，他定睛看了足足5秒钟，好像要数清芝麻的粒数似的，然后，忽地往张开的大嘴巴里一拍，便香香地细嚼起来。他又搓了搓手掌，直到看不见指肚上的油光，这才左右开弓抹了两把嘴，推起自行车上班去了。

（学生练笔作品）

片段（五）

从学校赶到家时，父亲正伏地织草席。见了我，立刻停住手中的活儿，定定地打量着我，深陷的眼里分明地闪出久别重逢的惊喜。

我赶紧上前扶他坐下，迫不及待地报告起带回来的好消息："爹，期中考试，我得了总分全年级第一！"父亲激动地点着头，现出一脸振奋与欢乐："……呃！行！……""爹！明儿是您五十三岁的生日，我用奖学金给您买了条烟。"我满怀激情地在包里翻出给他的生日礼物，恭敬地呈上。

抽烟，是父亲一生中最大的嗜好。烟对他，有着驱疲逐倦的奇特魔力。父亲每每在田间劳累了，便从怀里摸出一支极便宜的劣质烟来，悠悠燃起，在专注安逸的神情中，用烟伴随田间劳作后的片刻休憩，末了，体力似乎也全部恢复，便又操起农具，去加劲干活……

而此时，父亲却呆着没接。他慢慢站起身离开了木凳，脸上的表情一下子复杂了许多，嘴唇也开始剧烈地翕动，但，没出声。

"爹！三块多一包的好烟哪！"父亲这才呆缓地伸过手来，抖抖地接了烟。

我一见他青筋暴跳的手，马上就要掉下泪来——母亲走得早，十余年来，他独自一人默默无声地操持着屋内屋外，还要供我念书，人老得很快。我看了实在不忍，半年前接到市重点中学的入学通知时，我曾主动向父亲提出弃学帮他。可他断然不允，硬是东借西借凑足了一千二百块钱，把我送到了车站："去了，好好读。书读好了，就都好起来了。将来有了出息，逢年过节回家探亲，给爹带两包好烟抽抽，爹也就心满意足了。"车将行时，父亲又攀上来，吃力地攀着车窗叮嘱道："差钱，只管打邻居电话，爹有办法！"我流着泪狠劲点头……

此时，我多想让父亲立即拆开烟盒，取出一只，像往常劳累后一样，专注安逸地燃起。可，没能，父亲只是将烟捧在眼前动情地盯着，看着烟，又看着我，眼里盈着泪，良久，小心地搁下了烟，平静地说："烟，我戒了。"

"爹……"我扑在父亲温暖的怀里，失声地抽泣。

"争气的傻孩子，哭啥呢？你用奖学金买烟，是你给爹的最好礼物啊！"我听了，再也哭不出声来，任父亲粗糙的手深情地在我头上轻抚，轻抚……

（学生考场作文）

学生阅读，集体交流。

生1：我最喜欢片段（一）。这里面的"捧"字，突出了老班长对那几根草根和"我们"吃剩的鱼骨头的珍惜。"嚼""皱""咽"三个动词，写出了草根和鱼骨头难以下咽以及老班长饥饿的程度。通过这些动作描写，表现了老班长顽强坚毅的性格和舍己为人的崇高品质。

生2：我最欣赏的是片段（三）。作者写少爷们吃瓜子时，用了"吸、咬、吃、谈、笑"五个动词，又用"且"字把它们连接起来，就是说这五个动作是不间断连续进行的。写小姐们吃瓜子，也用了一连串的动词具体形象地描绘出小姐们吃瓜子的全过程。

师：是啊，这一切表现得是何等优雅，似乎已不是吃瓜子，而是在进行高超的艺术表演了。

生3：片段（四）我觉得写得也很好。作者描写了老王吃烧饼的整个过程，从"捏"到"送"到"咬"到"伸出"到"摊开"到"接"到"拢"到"拍"到"嚼"到"搓"最后到"抹"，动作连贯，描写细致，惟妙惟肖，很有趣味。

生4：我也喜欢这个段落。作者不惜笔墨描写了人物的动作细节，如"摊开巴掌，在下巴颏下接着""将左手的五指向掌心一拢，芝麻便都聚拢在了一起""又搓了搓手掌，直到看不见指肚上的油光，这才左右开弓抹了两把嘴"等，十分生动地揭示老王性格节俭，不太讲究卫生的特点。

师：性格节俭、不太讲究卫生，你抓住了人物性格的多重性。

生5：我喜欢的是片段（二）。这个片段作者借助"爬、蹲、靠、移、探"等动词，运用"慢慢地""小心翼翼地"等修饰语，生动形象地写出了"我"紧张恐惧的心理，表现出"我"胆小软弱的个性。

生6：我觉得片段（五）里的动作描写最打动我。"'爹！三块多一包的好烟哪！'父亲这才呆缓地伸过手来，抖抖地接了烟"，作者运用了修饰语"呆缓""抖抖"生动地写出父亲看到儿子给自己买烟时内心的激动情状。这些精心锤炼的修饰语不但渗透着父亲对儿子深沉的爱，也会使人联想到父亲在窘迫生活中苦苦挣扎的艰难。

师：你从关注富有表现力的动词，到关注动词前面的修饰语，很有自己的想法。那么，我们能不能根据这几个语段试着总结出动作描写的方法呢？

生7：要运用富有表现力的动词表现人物的个性特点。

师：是的，如片段（一）和（二）作者为了写出"我"紧张恐惧的心理，运用了一系列富有表现力的动词。

生8：要运用恰当的连贯的动词表现人物的个性特点。

师：如片段（三）中作者写小姐们吃瓜子，用了一连串的动词，具体地描绘出小姐们吃瓜子的全过程，突现小姐们吃瓜子时动作的优雅、迷人。

生9：动词前要运用恰当的修饰语表现人物的个性特点。

师：这个我们刚才在片段（二）和（五）中交流过。

三、自主写作

师：明确了动作描写的方法，我们现在就以课前布置的活动体验为写作内容，任选其一进行动作描写练习。

1. 放学时，选择一个同学仔细观察他收拾书包的动作。
2. 请仔细观察、体验一次卫生值日的过程。

学生写作。

四、讲评修改

小组交流，集体交流。

师：同学们要注意听交流的同学是否运用了富有表现力的动词，是否运用了恰当的连贯的动词，动词前是否运用了恰当的修饰语。

生1：放学的铃声响了，只见他把课本飞快地塞进了书包，手一抓，笔仿佛受到了某种磁力似的飞到了他的手里，又把手上的笔往笔袋里一扔，快速拉上拉链，扔进书包，再"嗖"的一声拉上书包拉链，长吁了一口气,一只手抓住一只书包带,把书包向后一甩,书包便神气地到了他的背上,然后飞快地走出教室。

生2:只见她捏着一只笔盖轻轻地套在笔上,不慌不忙地把书放进书包里,还时不时地对着作业单瞅一眼,看有没有漏掉的书本,突然她觉得像忘拿什么了,飞快地搜寻着书包的每个角落,直到确信没有忘拿,她才长长地吁了一口气。她终于对好了作业单,又慢吞吞地拽出书包放到桌子上,捏起书包拉链小心翼翼地拉上,接着很吃力地把书包驮到背上,直到军体委员来催促,她才极不情愿地踱出了教室,慢悠悠地跟在班级队伍的后面,驮着重似千斤顶的书包往家走……

生3:只见他一手拿着撮子,一手捡着树叶,由于树叶比较密集,他干脆直接蹲着往前走,连头也顾不上抬。这时,他的头上已经冒出了汗,他用袖子胡乱地擦了擦,深深地呼了口气,接着忙活了起来。又过了一阵子,他感觉脚有点麻,胳膊也有点酸,于是他放下撮子,站起身,挺了挺腰,伸了伸胳膊,回过头来看了看身后干净的道路,露出了开心的笑容。

师:请同学们对这三个片段做出评价或者提出修改意见。

生4:第一个同学用了多个富有表现力的动词,"塞""抓""飞""扔""拉""甩"等,写出了一个动作麻利、做事有点粗枝大叶的男孩形象。不过,我建议最后的"走"出教室,改为"奔"或者"冲",更有利于表现人物。

师:你的点评和修改都很到位。

生5:第二个同学完成得很好,他用了"捏""套""驮""踱"等动词,还有"不慌不忙""慢吞吞""慢悠悠"等修饰语,生动地描写出一个做事仔细、谨慎小心的人物形象。

生6:最后一个同学观察得很仔细,捡树叶时"蹲着往前走"的动作细节描写得很好,还有"挺了挺腰,伸了伸胳膊"等动作的描写,都富有生活化,读来也很有画面感。

师："画面感"评价得很到位，也把一个做事负责任、肯付出的同学形象表现了出来。

结束语

同学们这节课的表现让老师无比欣喜，你们的热情在鼓舞着我，你们的智慧也在启迪着我。希望同学们继续向生活学习，仔细观察锤炼语言；向美文学习，广泛阅读，多加积累，精心修改。做生活的有心人，做写作的佼佼者。

神态描写，一颦一笑总关情

【学习目标】

1. 能够细致观察特定情境下人物的脸色、眉毛、眼睛、鼻子、嘴等部位的具体的表情及细微变化。
2. 掌握神态描写的基本方法。
3. 具体写作时，能够恰当地把神态描写、肖像描写、动作描写、语言描写结合起来。

一、情境体验

师：我们一起来回顾课前布置的活动体验内容：

（一）方法导航

1. 确定观察的对象和观察的情景。
2. 要细致的观察特定情境下人物的脸色、眉毛、眼睛、鼻子、嘴等部位的具体的表情及细微变化。

3. 在具体的观察人物的表情及细微变化的同时，还要认真地观察人物的肖像、动作，倾听人物的语言，揣摩人物的心理。

(二) *活动体验*

1. 认真观察你的同桌某次遇到一道难题用心思考，花了很长的时间才最终做出来了的过程，重点观察他的表情及变化，揣摩他的心理活动。

2. 观察爸爸或者妈妈陪伴自己写作业时的神态，揣摩他（她）的心理活动。

二、阅读借鉴

师：阅读下面语段，选择你们最喜欢的语段，举例说说作者描写了人物的哪些部位或者运用了什么方法，表现出了人物怎样的内心世界？

片段（一）

那时，她只是散散漫漫看着街景，不知为什么，她忽然伸手搂住母亲的腰，将头轻靠在母亲的背上，自然而然的动作。母亲的心似乎温柔了，转过头来，朝着女儿灿烂地一笑。弯弯的眉毛就像天上的月亮，轻轻上扬的嘴角，似乎有说不出的温馨，眼睛中多了一些光泽，似秋夜寒星零星的光辉，脸上的皱纹似乎不那么多了。从来不知道，这样生硬、麻木的脸上会有如此这般灿烂的笑容，她不美丽，但那微笑却深深打动了我。一种巨大的感动将我包围，在来不及难过的心里。

(《那一瞬间的笑容》)

片段（二）

将军的脸上顿时阴云密布，嘴角边的肌肉明显地抽动了一下，蓦然转过头向身边的人吼道:"叫军需处长来,老子要……"一阵风雪吞没了他的话。他红着眼睛,像一头发怒的豹子,样子十分可怕。

没有人回答他,也没有人走开……

"听见没有?警卫员!快叫军需处长跑步上来!"将军两腮的肌肉大幅度地抖动着,不知是由于冷,还是由于愤怒。

终于,有什么人对将军小声地说了一声:"这就是军需处长……"

(李本深《丰碑》)

片段(三)

在一个商场卖零食的货架前,一个小男孩拿着一个大大的巧克力冰激凌在央求着妈妈。

"妈妈,买了这个冰激凌吧。我想吃。"

"看看你的牙齿,你怎么还这样贪吃呢!不买!"

"妈妈,可怜、可怜我吧!我真的很想吃冰激凌!"

妈妈什么话也不说了,小男孩开始哭起来了。他的嘴巴张得大大的,鼻子里流出了鼻涕,眼睛里滚出无数滴泪珠。妈妈突然对小男孩好心好气地说:"好吧!给你买一个冰激凌,不过,这是最后一次!"

还在伤心难过的小男孩听到妈妈的话,一下子高兴起来了,翘得高高的嘴巴一瞬间就变成了镰刀,鼻子好像已经闻到了巧克力冰激凌的香味,眼睛瞪得大大的,里面好像闪着冰激凌,眉毛弯成了月亮,他兴高采烈地拿着那个冰激凌和妈妈离开了零食专架。

(学生练笔作品)

片段(四)

我父亲脸色早已煞白,两眼呆直,哑着嗓子说:"啊!啊!原来如此……如此……我早就看出来了!……谢谢您,船长。"

115

他回到我母亲身旁，是那么神色张皇。母亲赶紧对他说："你先坐下吧！别叫他们看出来。"

他坐在长凳上，结结巴巴地说："是他，真是他！"然后他就问："咱们怎么办呢？"母亲马上回答道："应该把孩子们领开。若瑟夫既然已经知道，就让他去把他们找回来。最要留心的是别叫咱们女婿起疑心。"

父亲神色很狼狈，低声嘟囔着："出大乱子了！"

（莫泊桑《我的叔叔于勒》）

片段（五）

卢进勇蹒跚地跨过两道水沟，来到一棵小树底下，才看清楚那个打招呼的人。他倚着树根半躺在那里，身子底下贮满了一汪浑浊的污水，看来他已经有很长时间没有挪动了。他的脸色更是怕人：被雨打湿了的头发像一块黑毡糊贴在前额上，水，沿着头发、脸颊滴滴答答地流着。眼眶深深地塌陷下去，眼睛无力地闭着，只有腭下的喉结在一上一下的抖动，干裂的嘴唇一张一翕地发出低低的声音："同志！——同志！——"

听见卢进勇的脚步声，那个同志吃力地张开眼睛，习惯地挣扎了一下，似乎想坐起来，但却没有动得了。

卢进勇看着这情景，眼睛像揉进了什么，一阵酸涩。在掉队的两天里，他这已经是第三次看见战友倒下来了。"这一定是饿坏了！"他想，连忙抢上一步，搂住那个同志的肩膀，把那点青稞面递到那同志的嘴边说："同志，快吃点吧！"

那同志抬起一双失神的眼睛，呆滞地望了卢进勇一眼，吃力地抬起手推开他的胳膊，嘴唇翕动了好几下，齿缝里挤出了几个字："不，没……没用了。"

卢进勇手停在半空，一时不知怎么好。他望着那张被寒风冷雨冻得乌青的脸，和那脸上挂着的雨滴，痛苦地想："要是有一堆火，有一杯热水，也许他能活下去！"他抬起头，望望那雾蒙蒙的远处，随即拉住那同志的手腕说："走，我扶你走吧！"

那同志闭着眼睛摇了摇头，没有回答，看来是在积攒着浑身的力量。好大一会，他忽然睁开了眼，右手指着自己的左腋窝，急急地说："这……这里！"

卢进勇惶惑地把手插进那湿漉漉的衣服。这一刹那间，他觉得同志的胸口和衣服一样冰冷了。在那人腋窝里，他摸出了一个硬硬的纸包，递到那个同志的手里。

那同志一只手抖抖索索地打开了纸包，那是一个党证；揭开党证，里面并排着一小堆火柴。焦干的火柴。红红的火柴头簇集在一起，正压在那朱红的印章中心，像一簇火焰在跳。

"同志，你看着……"那同志向卢进勇招招手，等他凑近了，便伸开一个僵直的手指，小心翼翼地一根根拨弄着火柴，口里小声数着："一，二，三，四……"

一共有七根火柴，他却数了很长时间。数完了，又询问地向卢进勇望了一眼，意思好像说："看明白了？"

"是，看明白了！"卢进勇高兴地点点头，心想："这下子可好办了！"他仿佛看见了一个通红的火堆，他正抱着这个同志偎依在火旁……

就在这一瞬间，他发现那个同志的脸色好像舒展开来，眼睛里那死灰般的颜色忽然不见了，爆发着一种喜悦的光。只见他合起党证，双手捧起了它，像擎着一只贮满水的碗一样，小心地放进卢进勇的手里，紧紧地把它连手握在一起，两眼直直地盯着他的脸。

"记住，这，这是，大家的！"他蓦地抽回手去，深深地吸了一口气，用尽所有的力气举起来，直指着正北方向："好，好同志……你……你把它带给……"

（王愿坚《七根火柴》）

学生阅读，集体交流。

生1：我认为片段（一）写得好，它借助脸色、眉毛、眼睛、鼻子、嘴等直接描写人物的表情。"弯弯的眉毛就像天上的月亮，轻轻上扬的嘴角，似乎有说不出的温馨，眼睛中多了一些光泽，似秋夜寒星零星的光辉，脸上的皱纹似乎不那么多了。"通过对眉毛、嘴角、眼睛、脸上皱纹的描写写出了母亲看着女儿时温暖幸福的表情，可见母亲对女儿深深的爱。

师：非常好，有理有据；后面的同学也要这样用一段话完整地进行分析。

生2：我赏析的是片段（二）。"将军的脸上顿时阴云密布，嘴角边的肌肉明显地抽动了一下""他红着眼睛，像一头发怒的豹子，样子十分可怕""将军两腮的肌肉大幅度地抖动着"等句子，通过对脸色、嘴角边的肌肉、眼睛、两腮的肌肉的描写表现出将军此时的极度愤怒。

生3：我最喜欢片段（三），它运用比喻的修辞方法生动形象的描写人物的神态。"弯弯的眉毛就像天上的月亮……眼睛中多了一些光泽，似秋夜寒星零星的光辉"，把眉毛比作月亮，把眼睛中的光泽比作秋夜寒星零星的光辉，生动形象地写出了母亲温暖幸福的表情。

生4：我觉得片段（三）的作者还善于捕捉瞬间的、细微的神态变化，表现人物的心理活动。妈妈没有答应给他买冰激凌时小男孩的表情和答应了后的表情是不一样的。两组表情中嘴巴由"张得大大的"变成了"镰刀"，鼻子由"流出了鼻涕"变成"好像已经闻到了巧克力冰激凌的香味"，眼睛由"滚出无数滴泪珠"变成"瞪得大大的，里面好像闪着冰激凌"。嘴巴、鼻子、眼睛前后的变化使我们可以很清楚地体会小男孩由失望到高兴的心理变化。

生5：我重点赏析的是片段（四）。作者注意将神态描写和动作、语言描写等结合起来。当于勒出现在菲利普夫妇眼前时，节选部分描写了菲利普的神态:"我父亲脸色早已煞白,两眼呆直""是那么神色张皇""神色很狼狈";同时结合着动作描写和语言描写,"哑着嗓子说:'啊!啊!原来如此……如此……我早就看出来了!',"具体表现出菲利普见到于勒后的紧张、害怕和不安的心理。

生6:我注意到片段(五)也综合运用了多种描写方法。"眼眶深深地塌陷下去,眼睛无力地闭着,只有腭下的喉结在一上一下的抖动,干裂的嘴唇一张一翕地发出低低的声音:'同志!——,'"和"那同志抬起一双失神的眼睛,呆滞地望了卢进勇一眼,吃力地抬起手推开他的胳膊,嘴唇翕动了好几下,齿缝里挤出了几个字:'不,没……没用了'"两处的神态、动作、语言描写,具体写出了无名战士经过风雨的袭击、饥饿的摧残,再也没有力气前进了,已经到了生命垂危的地步。

生7:片段(五)中还有,"那个同志的脸色好像舒展开来,眼睛里那死灰般的颜色忽然不见了,爆发着一种喜悦的光。只见他合起党证,双手捧起了它,像擎着一只贮满水的碗一样,小心地放进卢进勇的手里,紧紧地把它连手握在一起,两眼直直地盯着他的脸"运用了神态描写和动作描写,具体写出了无名战士把党证和夹在党证里的七根焦干的火柴交给战友后的欣慰和喜悦。

师:大家的发言很精彩,哪个同学能尝试着将同学们的发现进行写法上的总结呢?

生8:神态描写要借助脸色、眉毛、眼睛、鼻子、嘴等具体的描写特定情境下人物的表情,还要注意借助脸色、眉毛、眼睛、鼻子、嘴等具体的细节描写。

师:这个细节就是特定情境下人物的表情的细微变化。

生9:神态描写要与肖像、动作、语言描写巧妙地结合起来,还可以恰当地运用比喻的修辞方法描写人物的神态。

师:当然,除了比喻的修辞,其他修辞方法用得恰当也可以。

三、自主写作

师：明确了神态描写的要点，同学们现在就以课前布置的活动体验为写作内容，任选其一进行神态描写练习。

1. 认真观察你的同桌某次遇到一道难题用心思考，花了很长的时间才最终做出来了的过程，重点观察他的表情及变化，揣摩他的心理活动。

2. 观察爸爸或者妈妈陪伴自己写作业时的神态，揣摩他（她）的心理活动。

学生写作。

四、讲评修改

小组交流，集体交流。

师：大家要注意听交流的同学能否借助脸色、眉毛、眼睛、鼻子、嘴等具体地描写特定情境下人物的表情或表情的细微变化，能否恰当地把神态、肖像、动作、语言描写结合起来，能否恰当地运用比喻的修辞方法生动形象地描写人物的神态。

生1：只见她眉头紧锁着，一只手紧握着笔，用力到好像要把笔捏碎，另一只手伸出来，用力揪着额头前的头发，头发好像都要被她揪掉了。十多分钟过去，她仍然没有做出来，便抬起头来，仰望着屋顶，嘴里还念念有词地说着什么。忽然，只见她用笔使劲敲了一下桌子，把揪着头发的手松开了，按住书，又是一通计算。只见她紧锁的眉头如同冰山一般，渐渐舒展开了，笑容又回到了她的脸上。

生2：那一天，爸爸习惯性地陪着我做数学题，我做一道，他盯一道。一不小心，我做错了，我一眼瞥见他，眉头拧成了一个小疙瘩。见我偷看他，他的眼睛瞪得更大了，里面似乎闪着两团火，此时的爸爸仿佛一个正在酝酿怒火的雷公。慌得我赶紧低下头来改正错题，却怎么也想不出来。听着旁边呼呼的喘气声，不用看，我就知道爸爸现在已经成了一个十足的雷公，脸上一定乌云密布，眼里一定正喷出愤怒的火焰。

生3：我央求妈妈说："妈妈，这是下个单元的题，老师还没教到那，我可不可以不做？""不可以！"妈妈的笑容消失了，嘴唇紧紧地抿着，坚定的眼神里藏着一缕不容挑战的威严。我不服气，把嘴巴翘得高高的。妈妈见我不服气，开导说："你说说，提前预习了，以后老师讲的时候不就简单了。""好吧。"妈妈见我终于接受了，便露出了慈祥的笑容。

结束语

不少同学都能够运用一定的方法使神态描写得更加生动具体。老师提醒同学们若想表达真情实感，还需要进入角色。只有进入了角色，才能把内心的那份真挚淋漓尽致地表达出来；写作要敢于向读者吐露真情，把写作看成是和忠实的朋友交流，不设心理防线，大胆坦诚地向对方倾诉，你不能只是用"笔"去写，而是应该用"心"去写，把"读者"牵引到自己创设的特定氛围之中，与自己同喜同悲，同乐同愁，文章才会情真意切，才会产生感染人的力量。

第五章
亲子成长苑

● 本章看点

我们大抵有这样的体验：所有的学科都是学什么考什么，唯有语文，很多的考试内容都是课本上没有学过的，就像人们所说，"语文学习的外延与生活的外延相等"。因此，学生的语文学习，和其他学科不同的是，它的大量时间是在课外。所谓"得法于课内，得益于课外"，说的也是这个道理。

口语表达，汉字书写，阅读，写作以及想象力的培养，如果单纯依靠课堂教学来实现，几乎是不可能的。只有在家长或者教师的引领下，让学生在广阔的天地里提高语文能力，才能使语文学习真正地跨入加速成长的快车道。本章，既送给家长，也送给教师和学生。

步步为营，锻炼孩子的口语表达

【成长回眸】

嫣红今年上初二了，聪明懂事，乖巧听话。学习上专心听讲，勤奋好学，是班级中的佼佼者。可是，她不喜欢交流，跟同学们在一起，也很少说话。有时长辈们问她话，她红着脸，经常以"嗯""啊""是"等最简单的答语应付。父母问她原因，她说不知道该怎么跟别人交流，怕说错话惹他们不高兴。看到别人家的孩子伶牙俐齿，嫣红的父母很羡慕，同时也为嫣红担心，孩子的口语表达这么差，会不会不影响她以后的发展呢？

嫣红这种情况在初中生中很常见，上课时无论老师提问的内容是简单还是复杂，无论他们心中有无答案，都很少主动举手回答问题。如果老师有意提问他们，有的孩子会站在那儿，无论怎么问也不吭声；有的孩子声音小得像蚊子，谁也听不清他说的什么；有的孩子说话结结巴巴，断断续续，让人听了很不舒服；还有的孩子表述不清楚，说了半天，也没能让人听明白他要表达的意思……

国内外大量研究表明，口语表达能力是人类智力结果中最主要的三种基础能力之一，对人类其他能力的发展起着决定性的作用。美国著名的教育家戴尔·卡耐基曾经说过："一个人的成功，约有15%取决于知识和技能，85%取决于沟通——发表自己意见的能力和激发他人热忱的能力。"的确，具有良好口才的人，往往令人尊敬，受人爱戴，得人拥护。

【根源剖析】

许多孩子咿呀学语时妙语连珠，招人喜欢。而长大了反而不敢说，不愿说，不善说了，造成这种现象的原因主要有以下几个方面：

一、年龄原因

任何阶段的孩子都具有与他年龄特点相适应的心理、行为特点。升入初中后，大部分孩子都进入了青春期，德国著名心理学家夏洛特把青春期称之为"消极反叛期"。这一时期的孩子在身体、行为、自我意识、交往、情绪、人生观等方面迅速变化，从而使其产生自卑、不安、焦虑等不良情绪，受这些因素影响，青春期的孩子喜欢苦思冥想，喜欢独处，不善言谈。一般来说，男孩在这方面的表现更加突出。

二、性格原因

心理学家认为，尽管人的性格千差万别，但从行为表现来说大体可分为外向型和内向型。在语言表达方面，内向型与外向型的孩子相比存在着很大的差异。内向的孩子一般不善言谈，即使心里有话也不主动表达，上述情境中的嫣红就属于这种内向型的孩子。这种孩子与他人说话时往往表现为不自信，怕失败，怕丢面子，怕说得不好，引起别人的嘲笑。所以，在陌生人面前说话时经常面红耳赤，结结巴巴。

三、环境原因

孩子们所处的家庭和社会环境不同，知识水平、口语表达能力、社会交往能力等也存在着很大的差异。有些家长溺爱和庇护孩子，孩子事事都依赖大人，思维也渐渐懒惰起来，遇事不爱动脑筋，如果对别人的询问不感兴趣，就干脆不回答。有些家长与孩子交流时不关注孩子的兴趣和心理需求，交流的内容超出了孩子的知识范围和认知程度，孩子只能说"不知道"或"不会"。家长如果因此经常指责、训斥孩子"怎么连这么简单的问题也不知道""又说错了""你可真笨"……会使孩子备受打击，以后即便遇上感兴趣的话题，也不愿多说。还有的孩子在成长过程中缺少与人交往的环境，与人交往的能力得不到锻炼，社会适应能力差，对他人的提问往往不知如何表达，只能用"嗯""啊""是"等简单的方式。

人们常说："是人才未必有口才，有口才一定是人才。"可见，良好的口语表达会让孩子的成长更精彩。那么，如何步步为营，锻炼孩子的口语表达，让孩子敢说、乐说、善说呢？

【为你支招】

一、练"胆",让孩子敢说

曾有西方学者说,使世人恐怖的事有两件:原子弹和当众发言。可见,培养孩子"当众说"的勇气,助孩子突破"敢说"这一难关,是练好口语的前提。

(一)讲故事,激发兴趣

家长与孩子交流时,可以有意识地讲述名人能言善辩的经典事例,如晏子使楚、诸葛亮舌战群儒、周恩来的外交辞令、王志的精彩采访、大学辩论赛上的唇枪舌剑……让孩子从中感悟到口语表达的重要性,以激发孩子的模仿欲望。

另外,让孩子与故事交朋友。故事中曲折的情节、离奇的想象、优美的内容会深深吸引住孩子,因此听故事是许多孩子的最爱。家长如果在孩子听的同时,有意识地引导孩子讲故事,不仅容易激发孩子说的兴趣,而且能在不知不觉中锻炼孩子开口说话的胆量,提高了孩子的口语表达能力。

(二)创机会,引导参与

有些孩子在说话的时候总是很紧张,要改变这种状况,就要多为他们提供当众说话的机会。家长可以让孩子先在自家人面前练习说话,再慢慢地扩展到亲戚、朋友、陌生人。

可以经常带领孩子外出参观、游览,陪孩子逛逛公园,看看花草、动物,玩玩游戏……在游玩中引导孩子畅谈所见所闻所感。也可以在节假日多带孩子到亲戚朋友家玩,参加同事、朋友间的家庭聚会,鼓励孩子多与他们交谈。为消除孩子的胆怯心理，家长可以事先帮孩子准备发言内容，让孩子"有备而来"，这样孩子在聚会上就有了发言的胆量。当孩子自信心逐渐增强，逐渐习惯在别人面前发表意见时，紧张感就会渐渐消失，当众说话的胆量也会慢慢大起来。

（三）重激励，循序渐进

要想让孩子敢于说话，家长首先必须做到多激励，少批评。孩子开始与他人交流时，肯定会有许多不尽如人意的地方。所以无论孩子声音大与小，说得对与错，只要孩子开口说话，就应该找到孩子的优点进行表扬。如果声音太小，可以表扬他很有礼节；如果孩子没注意礼节，可以表扬他吐字清晰；如果口齿不清，可以表扬他声音好听……其次，要注意不急于求成，注意循序渐进，从熟悉的人或场景到陌生的人或场景，从几句到几段，从有备到即兴，从对话到论辩，逐渐提高难度，让孩子能体会到成功的喜悦，树立信心，敢于说话，发挥潜能。

二、养"气"，让孩子乐说

口语表达的外在表现是说话，内在本质则是思想。只有以高尚的品德、丰富的学识、真挚的情感为底气，孩子才能口吐莲花，妙语连珠，倾倒众人。

（一）重视阅读，博闻强记

要想真正提高孩子的口才，家长平时应引导孩子多读书，让他们养成读书看报的习惯，让孩子明白没有人天生才高八斗，学富五车，博闻强记的背后是艰辛的汗水。写文章讲究"读书破万卷，下笔如有神"，说话其实和写文章是同样的道理，"腹有诗书气自华"，孩子读得多，知道的东西就多，自然乐于与他人分享、交流，话题也会丰富起来，而且说起话来会更有水平,更有见解,更有说服力。

(二)体察生活,乐于表达

为什么有些人爱说话,但说出来别人都不大爱听呢?关键就是缺乏生活积累,净说些不着边际的话,这样怎能打动人心?所以,要想有好口才,多加强孩子的生活积累也很重要。家长应注意引导孩子积极面对生活,感受生活,品味生活中的酸甜苦辣,用眼睛欣赏生活的色彩,用耳朵聆听生活的声音,用心灵感受生活的脉搏。另外,还要让孩子注意收集日常生活中的巧词应对。孩子积累了丰富的语言资料,有了充足的底气,就会产生想说的欲望,乐于表达自己的观点。

(三)模拟情境,寓说于乐

家长要善于捕捉现实生活中的精彩画面,模拟适合孩子发言的交际情境,寓说于乐,培养孩子在不同场合下发言的能力。比如,去菜市场买菜,向老师请假,婉言拒绝邀请,和邻居消除矛盾,和父母就有争议的问题进行沟通,说服意见不同的同学,等等。这样,孩子在模拟的现实应用情境中,知道了遇到这样的情境应该说什么,怎样说,遇到类似的情境时说起来就有了底气,也就喜欢说了。

(四)转述改编,培养幽默感

幽默是交流的润滑剂,属口语表达的钻石级别。要培养孩子的幽默感可以多为孩子讲述富有幽默感的名人趣事;也可以让孩子讲讲小笑话,小幽默或者身边有趣的事;还可以引导孩子编幽默故事,或者给课本、电影或电视剧添加一个令人捧腹的结局……,这些都能在潜移默化中提高孩子的幽默感。

三、明"技",让孩子善说

拥有良好的说话技巧,能在山重水复中柳暗花明,能在进退两难时左右逢源。所以,对语言基础相对薄弱的孩子来说,掌握口语表达的基本技巧很有必要。

(一)让孩子善于聆听

善于倾听,是谈话成功的一个要诀。在引导孩子倾听对方谈话时,首先要注意与说话人交流目光,适当地点头或做一些手势动作,表示自己在注意倾听。也可以用"哦""嗯"等语气词引起对方继续谈话的兴趣。其次应通过一些简短的插语或提问,暗示对方自己对他的话感兴趣,或启发对方,以引出感兴趣的话题。如果对对方的话不感兴趣,可以设法转变话题,但不要粗鲁地说:"哎,这太没意思了……"

(二)让孩子把握说话的分寸

首先,引导孩子学会察言观色。让孩子明白说话要看对象,在张口说话前一定要注意观察对方,要根据说话对象的不同确定说话的方向、交谈的话题和口吻,即"见什么人说什么话",否则会产生无形的隔阂。试想,如果和大学生谈自家的孩子如何可爱,和农村的老奶奶谈周杰伦的音乐才华,交流的效果可想而知。

其次,让孩子明确说话要得体。说话得体,即根据时间、对象、事件、地点的不同,适时、清楚、准确、有分寸地表达自己的想法。让孩子注意克服不得体的行为,如对别人傲慢,高高在上;随便打断别人谈话;注意力不集中,迫使别人再次重复讲过的话;对别人的提问漫不经心,让人感觉难以交流等等。

（三）让孩子控制好说话的节奏

生活中，有的人说话很快，像是打机关枪，一大堆话一口气非得说完；另外一种人则恰恰相反，说话像挤牙膏，慢条斯理，半天也说不出一句来。这两种极端的情况都是没能掌握好说话节奏的表现。

要让孩子明白说话要有节奏，该快的时候快，该慢的时候慢，遇到需要特别强调的事情，或容易使人感到疑惑的地方，如数据、人名、地名等，说话时应该减速。而任何人都知道的事情，或者精彩的故事进入高潮时，无法控制的感情等则应该加速。

规范训练，培养孩子的书写习惯

【成长回眸】

1. 活泼外向的浩宇是个急性子，做什么事都风风火火，学习上也是急于求成，作业速度挺快，但是书写潦草得一塌糊涂，不仅别人认不出他写的字，甚至有时他自己也辨认不出来，为此，严重影响了他的考试成绩，尤其是含有书写的文科成绩；他也尝试过一笔一划地慢写，但总是"兔子尾巴——长不了"，坚持不了几分钟，就又"龙飞凤舞"了起来，老师批评他态度不认真，家长指责他"本性难移"，甚至浩宇也认为自己无药可救了。

2. 积极上进的徐杰，三年级就学习硬笔书法，如今已升入五年级了，却依然为考试时的书写而苦恼，原因是他平日慢慢写时字非常漂亮、工整，作业一直获老师好评；可到了考试，时间一紧张，他一快写，字体不自觉地就扭曲变形，潦草不堪。当然他也曾经试图像平日一样工整地写，可是时间又不够用。

俗话说"字如其人"。字是人的第二张脸，每个父母都希望自己的孩子字体端正而又美观。郭沫若先生认为："培养中小学生写好字，不一定要人人都成为书法家，总要把字写得合乎规格，比较端正、干净、容易认。"事实证明，写字跟书写者的文化、情绪、气质，尤其是人的性格有着内在的联系。养成良好的书写习惯能够使人细心，容易集中意志，善于体贴人；相反，草草了事，粗枝大叶，独行专断，是容易误事的。可以说，能否写得一手好字，对个人的发展是有很大影响的。另外，方方正正的汉字承载着中华民族几千年灿烂的文化和文明史，写好汉字，继承和发扬民族文化，促进各民族、各国家之间的文化交流地是每一个中国人都责无旁贷的。

可是，总有一些孩子，像上述情境中的浩宇和徐杰一样，其潦草的书写让父母大为苦恼。更有甚者，写字时非得把本子或卷子斜放，而正放就写不正；有些孩子的字单看每个笔画都较为工整，而凑在一起就不成样子；有些孩子写字时非得侧着身子，斜着膀子；还有些孩子写字时只用两根手指捏住笔……

【根源剖析】

一般来讲，孩子不良书写习惯的形成，主要有内在和外在两个方面的原因。

一、内因，也就是孩子认知水平不高和不能长时间地进行有意注意等

少年儿童虽然思维能力得到了不断的发展，正处于从具体形象思维逐步向抽象逻辑思维过渡的阶段，但是知觉的精确性仍然不够，知觉的分辨能力较低。因此，有些孩子在识字过程中只能记住字体的粗略轮廓，而

对于字体非常细微的部分，如果没有父母或教师的提醒或训练往往就会忽略。如自己的"己"，孩子在书写时往往写成"已"或"巳"；有些孩子只记住了字的笔画，却忽视了字的整体结构，所以即使字写得横平竖直，但整体却很难看；有些孩子不能分辨正确的书写习惯与错误的书写习惯，甚至对如何握笔的问题都认识模糊；更有甚者，性格使然，静不下来，急于求成，笔画不到位，写着写着自然就潦草不堪⋯⋯

二、外因，即环境的影响，包括老师、父母的影响和教育等

孩子在与他人的交往中会导致错误行为习惯的形成，那是因为孩子具有较差的自制能力和很强的模仿能力。我们很容易就可以发现，如果父母、老师或亲密的同伴有不良的习惯，那么孩子就极有可能受他们的影响。书写习惯的形成也不例外，所以我们必须给孩子创造良好的学习环境，免得孩子受他人影响，而形成不良的书写习惯。

据专家研究表明，3～12岁是形成良好行为的关键期，12岁以后，孩子已逐渐形成许多习惯，新习惯要想扎下根来就难得多了。所以，父母要培养孩子良好的书写习惯，不仅要根据影响孩子的具体情况对症下药，而且是抓的时间越早越好。那么，我们应当从哪些方面做起呢？

【为你支招】

一、让孩子意识到写一手漂亮字的重要性

时下，不少孩子认为，随着计算机的普及和应用，工作后书写汉字的机会越来越少，再说，中考、高考成绩好坏主要跟学习有关，只要成绩好了，字能让人看懂也就行了。

针对这种情况，家长应该通过身边的事例引导孩子，让孩子意识到，一个人的字就如同一个人的脸面，在没有见面的情况下，一个人写出来的

字是否美观,在很大程度上决定着他人对这个人的第一印象是好还是坏。这在考试中也非常关键,在中考和高考的阅卷过程中,一个人的字会给阅卷老师一个非常直观的印象,作文部分在语文试卷中占有相当大的比例,在评分过程中阅卷教师的第一印象起到很大的作用。如果你的字写得很漂亮,"一俊遮百丑",教师在评分时就会"高抬贵手";反之,你的分数可能就会比你作文实际应得的分数低。并且,近些年来,一些单位在招聘过程中特意让应聘者留下"真迹",目的就是为了考查应聘者的书写情况,因为不少岗位需要代表单位签订合同等事务,如果你的字写不好,签名歪歪扭扭的,自然影响到单位的形象,从而影响到你的应聘能否成功或在工作中能否晋升。

孩子一旦深刻地认识到不良书写习惯带来的严重后果,就会产生"我一定要改"的强烈愿望,从而形成矫正不良书写习惯的内在动机。

二、培养孩子浓厚的书写兴趣

老百姓有一句话说得非常好:"强摁牛头不喝水,口渴自会找水喝。"说的就是做什么事,有了兴趣就能做好的道理。孩子有了兴趣才能认真练字,自觉练字;没有兴趣就容易写得潦草。家长要用多种方式激发孩子的写字兴趣:其一,要让孩子深刻感受到中国方块字的美,培养孩子具有写正确规范汉字的兴趣。父母可以拿名家钢笔字帖或古代书法家王羲之、颜真卿、柳公权的作品给孩子看,让他们感受到汉字的形体美、结构美、艺术美。让他们体会到把汉字"写好",能得到美的艺术享受。其二,多鼓励孩子是培养孩子书写兴趣的有效途径。我们都知道,孩子的成长离不开赞美和鼓励,当他们的书写取得了点滴进步时,及时给予表扬、鼓励,才能激发孩子产生更大的兴趣。一个善意的微笑,一句简单的激励,一颗小小的红五角星,在我们看来也许没有什么,但在孩子的心里却很珍贵。这样能够增强孩子的自信心,使他们得到一种精神上的激励。其三，父母还可以通过讲故事的方式，向孩子介绍古今书法家勤学苦练的事迹，比如王羲之"临池学书，池水变黑"的故事，鼓励孩子好好练字。还可以讲一些写字难看闹笑话的故事，让孩子知道写好字的重要性。

三、让孩子掌握正确的书写方法

在孩子形成矫正的动机与兴趣之后，家长应趁热打铁，及时教给孩子正确的动作要领和矫正的方法，并利用写作业的时间进行系统的训练，全面掌握正确的书写方法。要注意着重做好以下三项工作：

（一）矫正不良的坐姿

孩子的不良坐姿主要有头歪、肩斜、身歪、腰弯、胸压桌沿等，矫正时可以先教给其正确的坐姿要领，即"头正、身直、臂开、足安"。头正，就是头部端正，不左右歪斜，使眼睛离纸约一尺；身直，就是坐端正，腰挺直，身子稍向前倾，胸部离桌沿一拳左右；臂开，就是两肩齐平，两臂张开，肩部放松，一手执笔，一手按纸；足安，就是两脚自然下垂，分开平放地上，不要一前一后或叠在一起。

这些动作要领，孩子掌握起来并不难，但要长时间坚持却不容易。训练初期，家长应注意及时提醒，反复强调。与此同时，还应着重培养孩子的自我调控意识，即让孩子在写字的过程中经常用要领来自我检查、自我矫正，最终形成良好的坐姿。

（二）矫正不良的执笔姿势

孩子的执笔姿势五花八门，其中普遍存在的问题是执得太紧。不少孩子执笔时食指的第一关节严重凹陷，第二关节和拇指的第一关节严重凸出，其他三指则紧紧拢在一起，状如鸡爪。

正确的执笔方法是：食指与拇指的端部轻捏笔杆，离笔尖约一寸处，中指的第一指节处顶住笔杆，无名指和小指自然弯曲垫在下面，笔杆上部靠在食指根部的关节处，笔杆与纸面保持45至50度角。执笔时除拇指外的四个手指一个挨一个自然地叠在一起，不疏松拉开，掌心尽可能虚，即做到"指实、掌虚"。

家长可先结合讲解、示范，让孩子逐句理解、领悟动作要领，练习执笔。讲解时应着重强调如下几点：

1. 手指不能用力挤压笔杆。

2. 手指不能收得太紧。要注意拇指和食指之间（即虎口）应留空2厘米左右。同时，无名指和小指不能贴近掌心，相距应有2厘米以上。

3. 笔杆上端应靠在食指根部的关节处（不少孩子把笔杆靠在虎口上，容易造成手指紧捏笔杆)。

（三）矫正不良的运笔方法

不少孩子写字时手腕严重内收，造成字体歪斜，笔画呆板。矫正这一现象的关键在于指导孩子运笔时手腕自然伸展、放松，使手腕和手指能协调发力。训练时可以先让孩子运用正确的坐姿和执笔姿势进行单笔练习，即练习写好横画和竖画，要求做到"横平、竖直"。继而可以要求孩子练习写"永"字，掌握八种基本笔画的运笔方法，做到身正、笔正、字正，笔画均匀、有力。

（四）协调字体的书写结构

要把字写好，笔画的组合很有讲究，一般地说要讲究"横平竖直"，以保持字形结构的匀称与稳定。该左时左，该右时右，该上时上，该下时下，长者不能过长，短者不能过短。同时，还要注意每一笔画的位置安排，注意笔画之间的相互联系。对于笔画多的字要处理好疏密关系，瘦长的字每一部分要写得高宽一些，横宽的字每一部分要写得瘦长一些。一句话，要协调，做到恰如其分。

以上四个方面是紧密联系的：训练时既要分项进行，又要综合训练；既要让孩子知其然，又要让孩子知其所以然。另外，训练的过程还要注意循序渐进和因材施教。这样持之以恒，孩子就能掌握正确的书写方法。

四、鼓励引导孩子形成良好的书写习惯

有的家长非常希望孩子写出一手好字，于是很有热情地辅导孩子练字，但是过不了几天，发现孩子的进步不明显，自己就失去了信心。一旦家长失去了信心，孩子也会受到影响，所以家长一定要经常鼓励孩子，要通过正确的方法引导，持之以恒地严格要求孩子写好每一个字，写好每一个笔画，尤其对于性子急的孩子，家长可以根据孩子的具体情况采取"恩威并施""榜样引领""专时专用"等方法，逐步让孩子养成良好的书写习惯。

五、保证孩子练字时的环境安静

孩子在家练字时，如果家里的学习环境不好，总是亲朋好友特别多，或者电视声音特别大，孩子在这样环境中的练字效果肯定不好。如果环境影响了孩子的情绪和注意力，孩子在写字时态度就不认真，而且容易把练字当成应付差事。因此，家长应尽量给孩子一个安静、舒适的写字空间，让孩子不受外界干扰，专心练字。

六、用自身良好的书写习惯影响孩子

孔子说："其身正，不令而行，其身不正，虽令不从。"孩子良好书写习惯的培养，不仅与父母的言传有关，父母的身教也起着至关重要的作用。一手漂亮的字，如一个个奇妙的音符，会在孩子的内心深处谱出优美的乐章，那苍劲有力、清新俊秀的笔画会给孩子以振奋和力量。所以，父母不仅自己要认真写字，还可以和孩子一起练字，开展亲子书写比赛活动，从而给孩子树立良好的榜样示范和引导作用。

有人说，习惯是一种顽强而巨大的力量，它可以主宰人生。面对书写习惯较差的孩子，要培养兴趣、规范训练，家长也要以身作则。只有这样，才能让孩子练就一手好字，成就一种品质！

因势利导，浓厚孩子的阅读兴趣

【成长回眸】

雪儿的妈妈自从女儿升入初一年级就开始了她的烦恼：雪儿总成绩在班上名列前茅，唯一不足的就是语文学科，基础知识下点功夫没多大问题，但做阅读题总是读不懂文章内容，作文语言不生动。她咨询过语文老师才知道主要是孩子从小不爱读书的缘故，为了弥补这种情况，她去书店给女儿买了好多书，但女儿大多是只看了个开头就不愿意再翻看下去了。

身为父母，我们都希望自己的孩子能够"知书达礼"。很明显，要实现"达礼"的目的，"知书"是一条很重要的途径。热爱阅读不仅可以开拓视野，增长知识，提升自我，还可以陶冶性情，对树立正确的人生观及价值观，甚至对人的一生都起着很重要的作用。

可是，在当下这个高速的信息时代，更加具体形象的电视、电影远比读书要有趣得多，电脑的普及使得更多的孩子迷恋上网络游戏。像上述这位妈妈所面临的孩子不爱读书的困惑，在当今家庭中其实极为普遍。可以说，视阅读为苦差事，没有良好阅读习惯的孩子正在与日俱增，其具体的行为表现大致有以下几种：对书籍没有兴趣，一拿起书就迷糊、犯困；读书没有耐性，一本书只看开头与结尾，或者只读读开头就读不下去了；

对阅读比较有兴趣，然而所选择的书籍比较肤浅，不喜欢读比较深奥的作品；阅读时只走马观花，一味关注故事情节，不能对精彩的地方进行反复阅读。

【根源剖析】

其实这些孩子不爱读书，不外乎以下几种可能：

一、孩子没有认识到阅读的重要性

作为家长，因为切身体验过阅读带给我们的好处，或者是不阅读导致的不足，所以我们才会不断地提醒孩子要读书。可是孩子因为缺少这样的体验，大多数并非真正理解为什么要读书。有的家长总是一味地告诫孩子要多读书，读好书，甚至剥夺孩子玩的时间让他们"看书去"；还有的家长总是拿别人的孩子与自己孩子比较："你怎么不像某某某那样爱读书？"可是孩子却对这种好像是被逼迫做的事情感到反感，甚至产生厌恶感，结果当然适得其反。

二、没有良好的家庭阅读氛围

美国作家理查德曾经真诚地劝告人们："关掉电视，去阅读伟大的著作，它会开启你的智慧之门。"一些学者的调查显示，如今一个20岁左右的人，至少已经花了2万小时看电视。可见，电视已经疯狂掠夺了人们宝贵的阅读时间，是让人们冷落文字的罪魁祸首。另外，网络在改变人们生活、学习方式的同时，给孩子带来的弊端也是不言而喻的。很难想象，一个整天开着电视，父母只知道上网的家庭，孩子怎么可能会沉浸在阅读之中。

三、没有适当的早期读物

孩子天生喜欢玩具，并非天生就爱看书。孩子爱不爱看书，喜欢不喜欢阅读，与父母的引导有很大关系。可是许多父母功利性太强，给孩子买的书不是同步训练，就是一些作文书，在孩子眼里，这类书本的知识太枯燥无味了。而孩子喜欢的童话故事、科幻故事、动画故事，父母却很少给孩子买，让孩子爱上不喜欢的东西，谈何容易。

四、缺乏有效的阅读指导

阅读需要掌握方法，诚如作家赵丽宏在其散文《永远不要做野蛮人》中说道："光有读书的欲望，恐怕还不行，还有一个怎样读书的问题。"现实中的不少家长误以为花钱给孩子买来图书就可以万事大吉了，殊不知，让孩子由不爱读到自主去读，由不会读到会读，是需要家长适时、正确地引导的，否则，买再多的书也无济于事。

由此可见，孩子不爱阅读，家长有着不可推卸的责任，那么，作为父母应该如何培养孩子的阅读习惯呢？

【为你支招】

一、引导孩子认识到阅读的重要性

书籍对于人类的重要性，孩子可能一时无法理解，但是家长可以从细处、小处做起，强化其"读书重要"的意识。曾有这样一位明智的家长，从孩子很小的时候起，就专门给孩子准备了一个书柜，是一个小的架子，四层。后来随着住房条件的改善，家具不断更换，但是每一次更换，首先必买的就是孩子的书柜，而孩子在每年生日那天收到的礼物中一定有她喜欢的图书。家长这样做的目的就是想让孩子明白，读书是一件很重要的事情,在家里,在人生中是排在第一位的,让孩子意识到读书很重要,是一生中不可或缺的。在家长刻意的心理暗示下,在家长时时处处的熏陶、影响下,这名孩子从小就意识到书籍的重要性,并且喜欢上了阅读。

二、营造良好的家庭阅读气氛

家长可以为孩子准备一个舒适的读书环境:选择一个光线良好和视野开阔的房间,备好书橱和桌椅,精心选择一些适合孩子的读物和工具书,墙壁贴上爱读书的名人肖像和名人警句等。家长要引导孩子控制看电视和上网的时间,要尽量留出富余的时间进行纸质文字阅读。当然,这并不是否定电视和网络对学习的作用,只是不要让它们影响了孩子获取知识的主渠道。尤其值得一提的是,家长的示范作用和良好的家庭读书氛围是使孩子喜欢读书的关键。家长要以身作则,在工作之余孜孜不倦地读书,为孩子提供良好的榜样。有些家长会抱怨说自己工作太忙了,没有时间去读书,尤其是没有时间陪孩子读书。其实爱读书的人是不会借口太忙而放弃读书的。要想给孩子提供一条探索世界的捷径,要想让孩子形成受益终生的好习惯,家长应该首先自己做好示范。

三、指导孩子选择"爱看"的第一批书

在孩子学习阅读的初期,父母一定要对提供给孩子的书刊进行精心的挑选。书刊的内容和外观色彩要尽量迎合孩子的心理,不要以成人的眼光去衡量书刊的内容,不要以为"有用的"就是可以给孩子看的。在孩子看来,花花绿绿的昆虫、活泼可爱的大小动物、凶猛奇特的外星人和怪兽,要比大人心目中的A、B、C、D和1、2、3、4有趣得多。因此,在早期,应尽量给孩子提供一些印刷美观、漂亮,内容丰富、有趣,情节发展符合儿童想象和思维特点的图画书,如动物画册、彩图科幻故事,等等。

我们还应该给孩子自主选择权,让孩子挑他自己喜欢的书。你可能会

认为，孩子不会挑书，他挑的书可能是没品位的。的确，孩子尚小，对挑选图书缺乏经验，还不具备对图书的鉴赏能力。因此，在孩子挑书时，你可以在一旁指导，给孩子提建议："你看这本书，里面的字体太小，对你的眼睛不好，里面的插图也比较粗糙。""你看这本比刚才那本是不是更好呢？"这样的建议孩子一般是能够接受的。如果孩子不接受你的建议，不要强求孩子接受，读书的品位是随着读书的丰富而提高的，不是一天两天形成的，强求孩子接受，孩子会有抵触情绪，从而可能放弃读书。我们总不能为了一本所谓有品位的书，毁掉孩子的读书兴趣吧。需要提醒家长的是，如果孩子特别喜欢阅读，可选择稍微高于孩子实际水平的书籍。相反，如果孩子不喜欢阅读，可以选择略低于孩子实际水平的书籍，以免挫伤孩子阅读的积极性。

四、激发孩子的阅读兴趣

（一）说

吃饭、做家务时，如果孩子在场，一定要向爱人津津有味地谈论自己看过的书或正在看的书（当然不是高深的专业书或理论书），或者有意识地就书中的问题同爱人辩论。如果发觉孩子被吸引时，一方可以把孩子当成大人，征求孩子的意见，让孩子也帮自己说。如果说不清，可以翻开书，共同阅读相关的内容，或者找到相关的内容，让孩子替你读出来。也可以常常问孩子一些他看的书的内容，同孩子讨论，让孩子觉得自己看的书，父母也喜欢，让他的读书行为得到认同，产生自豪感。也可以向孩子说说新书的销售量，新书的作者或者所获得的奖项，以此勾起孩子阅读的欲望；或是说说书中几个细节对自己的影响，或对一代人的影响，让孩子感觉到书具有神奇的力量。

（二）听

很多人爱读书，其重要的原因就是听了那些精彩的评书、小说，听着不过瘾，听着着急，才到处去寻书、读书的。《七侠五义》《隋唐演义》，四大名著等，有很多人都是因为听得有趣，才去读的。因此，好的广播节目，如小说评书连播、诗词朗诵等，不妨让孩子定时收听，孩子或许由此就爱上了读书。

（三）读

家长与孩子一起读优美的篇章。你一段，我一段，可以分角色朗读，还可以角色反串，特意让孩子读大人的话，父母读孩子的话。如果有条件，可以录音。以此让孩子感受到阅读的温暖，让孩子的思想和情操在朗读中得到陶冶。

（四）讲

父母可以给孩子绘声绘色地讲书中精彩的片段，注意在最紧要处戛然而止，故意留下悬念，把书"藏"起来，故意没有时间进行"下回分解"。当孩子的胃口已被吊足，他自己不去找书看才怪。当然，所讲的书的内容，一定要适合孩子的年龄和性格特点。

（五）看

看电影也是家长引导孩子看书的一种好办法。看几部经典大片，然后找原著来读，孩子就会知道电影与原著或剧本的差别，懂得看书会知道得更多的道理，从而不断地去读书。

（六）请

家邀请爱读书的家长朋友或孩子朋友来家做客，交换阅读书籍，交流读书心得。让孩子以书交友、会友，以书友增强读书兴趣，以书友肯定自己热爱读书的成果。

五、进行阅读方法指导

上述情境中，雪儿的父母意识到不爱阅读给孩子带来的不利因素之后，便和孩子一起制订了一个具体的阅读计划，计划中列出了每周需要阅读的书目和时间安排，给出完成计划后的奖励方案。最初的阅读计划雪儿是在家长的帮助下制订的，几个星期之后她就自己制订读书计划，父母根据情况帮助她进行修改。在指导雪儿阅读的过程中，父母还注意指导她如何略读一本书，如何对自己认为精彩的地方反复阅读，并在此基础上选择比较生动的（以比喻、拟人、排比、夸张等修辞方法以及细节描写为主）和蕴含哲理的句段做好阅读积累，指导她围绕文章中心、写作方法等来写阅读后的感想。

另外，雪儿在阅读的初始阶段，她的父母后来还注意根据阅读的情况及时给予客观的评价，如果她完成了阅读计划，就及时地给予奖励。奖励是鼓励孩子读书的动力，随着孩子自我评价观念的形成，奖励便逐渐从物质性奖励转向精神性奖励，为孩子营造了一个良好的读书心境。

精准发力,提高孩子的写作水平

【成长回眸】

男孩志群最不喜欢语文,因为他最愁写作文。志群读过不少书,尤其喜欢阅读历史、百科知识、科幻类书籍。但每到写作文时,志群就像霜打的茄子,怎么也打不起精神。一会儿翻翻作文选,一会儿上网查查资料,一个小时也写不出几个字来。东拼西凑好不容易写出来,要么离题千里,要么内容空洞,再仔细读读,有些语句还不通顺,更不用说语言的表现力了。志群的其他学科都很优秀,语文总体成绩也处于上中游,唯独每次课堂作文或者考场作文成绩都不理想。志群的妈妈很困惑,孩子看的书也不少,怎么就是不会写作文呢?

像志群这样对作文感到头痛的孩子非常普遍,有些孩子语文总体成绩还可以,但一提写作就打怵;有些孩子一写作文就照搬"范文",写母爱不是妈妈送伞,就是深夜背发烧的"我"上医院,根本没有真情实感;有些孩子看起来洋洋洒洒,一挥而就,实质上写的文章形同流水账;还有些孩子作文课上,一会儿动动笔,一会儿瞅瞅同桌,要么索性呆坐半天也憋不出一个字,最后应付两三百字完事……

孩子对写作缺乏兴趣,写作时思维处于疲乏状态,硬着头皮写出来的文章,往往言不由衷,索然无味,个性得不到张扬,还谈什么语感、想象力、创新思维的培养呢?

造成孩子"作文难,难于上青天"的原因何在?

【根源剖析】

一、生活积累不够，写作时缺乏源头活水

有些孩子面对作文题目，抓耳挠腮，总觉得无话可说，无事可写。即使写出一点东西，也是人云亦云，内容空洞，缺乏真情实感。从小学到中学，学习环境、学习内容、同学交往、心理生理等都发生了许许多多的改变，但为什么有些孩子对生活的感受却一如既往，缺少新的理解和感悟呢？因为他们对周围的一切熟视无睹，缺乏对生活的观察思考，要么视而不见，要么见而不思。

二、阅读积累不足，"巧妇难为无米之炊"

现在的孩子很少能静下心来读书，因为他们有太多玩的方式：影视剧、网络游戏以离奇的故事和梦幻般的色彩占据着孩子的心灵空间；MP5、手机、电子游戏等以新奇的想象和强大的诱惑力剥夺着孩子的阅读兴趣。玩的方式多了，读书的时间就少了，不少孩子的阅读时间仅限于课堂。阅读量少，不仅导致孩子知识面窄，而且直接影响语言的感受力和表达力，导致孩子语言贫乏。还有一类孩子看的书确实不少，但由于不会挖掘、运用书中的资源，阅读时走马观花，只追求新奇的故事情节，对作文的帮助极少，写作文时，还是无话可说，上述情境中的志群就属于这种情况。

三、表达能力欠缺，不知如何落笔

有些孩子此人、此物、此景都在眼前，但由于欠缺表达能力，心中有话就是写不出来，形容不出来，或者即使写出来也是词不达意。孩子之所以不知从何说起，不知先说什么，再说什么，是因为孩子用来思维的内部

语言和用来表达的外部语言不一致，没有完成内部语言向外部语言的转化。

四、没有掌握写作技法，不知从何入手

有的孩子对作文不感兴趣，对老师写作方法的指导也不感兴趣，不用心听讲，随听随忘，阅读时也不注意揣摩作者的写作技巧，更不用说去实践了，所以不知道如何写也就理所当然。

五、缺少写作兴趣，不愿动笔

有些孩子由于从写作文起从未有过成功的体验，从未得到老师的表扬。时间久了，一见作文就有畏难情绪，对作文失去了兴趣，甚至认定自己"天生就不是写作文的料"。这种不自信的心理，也是导致他们讨厌写作文的原因之一。

【为你支招】

一、引导孩子从生活中积累素材

家长要引导孩子明确生活是写作的源泉，作文就是把平日的所见、所闻、所做、所想写出来，叙述喜闻乐见的事情，刻画具体可感的人物，描写时时变化的风景，抒发自己的真情实感。

家长还要注意引导孩子善于定格"生活小镜头"，捕捉家庭中一个个真切的镜头，记录校园里一个个令人难忘的片段，描绘自己对社会现象的看法，书写自己的憧憬与理想……并将其转化为观察日记。初写时可以不限时空，不拘形式，不论字数，不管文采，引领孩子让心灵的活水无拘无束地流淌，让他们自然地进入写作佳境。如果孩子能天天坚持，日积月累，时间长了，材料就多了。到写作文时，平日积累的材料就会源源而

来，孩子又怎么会抓耳挠腮、一筹莫展呢？

二、引导孩子在阅读中学习写作

（一）读中积材料

家长引导孩子多读书，多积累一些好文章，对孩子的写作大有裨益。我们都熟知杜甫的名言"读书破万卷，下笔如有神"，孩子的知识丰富了，写文章时才能思路开阔，旁征博引，生发联想，从而使文章的内容丰富多彩。那么，家长要怎样引导孩子从书中汲取营养，积累写作素材呢？

1. 设立"词句百宝箱"。让孩子把书中的精彩句段、精辟理论、历史典故、警句名言、重要史实等摘录下来，以便日后查阅。

2. 整理"灵感集萃"。让孩子随时记录读书时的看法、见解和感悟，可以让孩子直接写在书籍页眉、页脚或其他空白处，这样，既能让孩子多练笔，也能让孩子养成善于捕捉灵感火花的习惯。

3. 整理"报刊剪辑"。让孩子阅读报刊时，将喜欢的文章剪辑下来，分类整理，这是一种既简便又节省时间的积累材料的方法。

4. 建立"电子资源库"。家长可以指导孩子从网络中筛选出优秀的电子文档，并利用文件夹分门别类进行保存。

（二）读中悟技法

文无定法，作文不能千篇一律，千人一面，要提倡洒脱自如，不拘一格，但任何事物又都有规律可循，作文也有基本模式可以仿效。所以家长指导孩子阅读时，要引导孩子仔细品味，揣摩作者的技法，并把它运用到自己的写作中。

1. 引导孩子领悟他人观察事物的方法。如读写景的文章可以让孩子学习作者按一定的顺序，调动多种感官观察事物的方法。引导孩子捕捉作者写景时是按照时间顺序、空间顺序还是移步换景的顺序来组织文章？作者写景时怎样调动视觉、听觉、触觉、嗅觉等多种感官？如何做到动静结合、点面结合？抓住了哪些富有特征的事物进行描写？描写时突出了事物怎样的特点？等等。

2. 引领孩子学习文章选材和组材的方法。首先引导孩子关注题目，明确题目就是文章的眼睛；然后明确文章的题目和主要内容之间的联系。其次，引导孩子在理解内容的基础上，领悟如何紧扣题目，围绕中心选材。最后分析文章组织材料的方法，引导孩子思考分析课文围绕中心，哪些地方写得详，哪些地方写得略。这样经过反复阅读、指导，让孩子理解写作不仅要围绕中心选材，取材上还要详略得当，重点突出。

3. 引导孩子体会文章的写作方法。有些文章在写作方法上有独到之处，值得借鉴模仿。例如：对比、欲扬先抑、正面描写与侧面描写相结合、象征手法……，家长可以引导孩子进行揣摩，学习其独特的写作手法，并运用到自己的写作中去。

4. 引导孩子品析作者遣词造句的方法。在阅读过程中，家长还应有意识地引导孩子体会作者遣词造句的深意和新意。如有意识地引导孩子在文章中发现意蕴丰富的成语、四字短语，并进一步引导孩子理解词意；体会表意恰切的动词、形容词和声情并茂的叠音词的表达效果等。在此基础上，让孩子学习使用这些词语，如：让孩子运用这些词语，写一段中心明确语意连续的话。在阅读时家长还要注意引导孩子找寻有特色的句子，如比喻句、排比句、拟人句、夸张句等进行赏析，并让孩子仿写。如果经常进行类似的训练，孩子的词汇就会逐渐丰富起来，驾驭语言的能力自然会得到明显的提高。

三、引导孩子在体验中写作

家长让孩子在充分的体验后进行写作，能有效减轻孩子写作的心理负担，激发写作兴趣。

（一）先做后写

让孩子学习新技能，如学自行车、学泥塑、学滑旱冰、学剪窗花等；还可以让他们参加家务劳动，如整理自己的房间、学洗衣服、学包饺子等；也可以鼓励他们拆装玩具，尝试完成一些科技小制作等，让孩子在学习的过程中亲身实践，体会成功的欢乐，总结失败的教训，随时记录其中的喜怒哀乐和酸甜苦辣。

（二）先玩后写

爱玩，是孩子的天性。有趣有益的活动是他们最爱参与的。因此，家长要注意丰富孩子的校外生活，可以举行家庭谜语竞猜、家庭聚会，或者与孩子一起爬山、野炊、旅游等，让孩子参与其中，然后让孩子记录其中难忘的场面或故事，记录独到的感受与体验，写出玩之乐、玩之趣、玩之悟。孩子玩时家长可以引导孩子去观察、体验，比如与孩子一起去摘樱桃时，可以引导他们先看果园的整体风貌，再看局部；先看樱桃外观，再摸一摸，闻一闻，尝一尝，当然这一过程不必刻意去做，以免破坏孩子的兴致，萌生"为写作而看风景"的想法，对写作产生抵触情绪。

（三）先想象后写

想象是儿童的天性，孩子的想象越丰富，越活跃，语言表达也会越生动、越有情趣。在生活中，家长不妨静下心来听一听孩子的奇思妙想，甚至可以与孩子一起异想天开，进入时空隧道，玩玩"穿越"。想象自己飞天遁地，超越时空，或想象自己是市长，自己成为超人，想象10年20年后社会的变化……然后鼓励引导他们将自己神奇的构思，通过大胆合理的想象，书写成一篇篇构思独特，充满奇思妙想的作文。

四、点燃孩子的写作热情

家长在评价孩子的作文时,要善于发现文章的闪光点,真诚而不吝啬地激励孩子,让他们体验到成功的快乐。新颖的构思,想象力丰富的内容,妙言巧语等都可以勾画出来,与孩子一起品尝创新带来的喜悦……对孩子自我感觉良好的文章,家长也可以把"表扬权"直接交给孩子,让孩子谈谈自己写作中的"闪光点",让他们发掘自己文章中的独到之处,增强孩子的自信心与自豪感。

另外,家长也可以提笔写写自己读完孩子作文后的感受,与孩子一起品尝成功的喜悦,并委婉地提出修改建议。也可以将孩子的优秀文章整理出来,张贴在家里,或者将孩子的文章推荐给网站或报刊发表,激发孩子的创作兴趣。

总之,只要家长围绕上述四点精准发力,引导孩子观察生活,获得丰富的写作素材,促使孩子养成好读、善读、乐思、多写的好习惯,孩子便会渐渐觉得写作如同说话一样平常,想说什么,就写什么。也许有一天家长会发现孩子已经爱上了写作,而且文如泉涌,笔端流金溢彩。

顺势而为,丰富孩子的想象力

【成长回眸】

1. 玉洁是一个品学兼优的孩子,可就是作文令人头痛:描述景色无非是天上白云飘,树林绿荫荫;叙事也是平铺直叙,语言干巴巴的,很少运用什么出彩的比喻、拟人等修辞方法;要续写一件事,她也是无话可说……

2. 小雅很喜欢画画，经常拿着画笔画来画去。可妈妈总是批评她，太阳不能画成绿色的、方方的，花草要比树木小……一开始，小雅还和妈妈争辩，说自己画的是未来的世界，但妈妈就是一句话："那样画是不对的！"渐渐地，小雅也不愿意再画了……

显然，玉洁作文的主要问题在于想象力匮乏，而小雅的想象力非常丰富，却被妈妈给扼杀了。

想象力，就是一个人在已有形象的基础上，在头脑中创造出新形象的能力。比如说起汽车，马上就能在头脑中产生出各种各样的汽车形象。因此，想象一般是在掌握一定知识的基础上完成的。

想象具有预见功能。我们在从事任何活动之前，都必须首先在头脑中确立定向目标，也就是能够想象出活动过程及其结果。于是，我们的活动就有了主动性、预见性和计划性，这有助于活动的顺利完成。孩子的学习也是一样，一个想象力贫乏的学生，考虑问题的思路必然狭窄，也不可能有很高的分析和解决问题的能力，其智力发展也是不充分的。

想象具有补充功能。在现实生活中，有许多事物是人们不可能直接感知到的。如由于时间、空间的限制，像历史中讲到的古代人生活的情景，地理中讲到的地壳变动和地质变迁，物理、化学、生物课中各种宏观世界与微观世界的结构与运动状况等，我们要直接感知是很困难的，有的甚至是不可能的。在这种情况下，就可以借助想象，弥时空局限和不足，扩大视野，对所学知识产生更充分、更全面、更深刻的认识。

想象具有代替功能。在现实生活中，当人们的某种需要不能实际得到满足时，可以利用想象从心理上得到一定的补偿和满足。如孩子想当一名飞行员，但由于他的能力所限而不能实现，于是就在游戏中，手拿一架玩具飞机在空中挥舞，满足了当飞行员的愿望。

想象力反映的是一个人的思想疆域，是创新创造的基础。但孩子越大越缺乏想象力，却是不争的事实，原因到底在哪里呢？

【根源剖析】

在"雪化了,变成了＿＿＿＿"的填空题中,孩子们的回答是相当富有想象力的"春天",却因与标准答案"水"不相符而被粗暴地判为"错误"。这,也许可以反映出孩子越来越缺失想象力的原因。

一、应试教育扼杀了孩子的想象力

虽然目前的素质教育轰轰烈烈,但基于考试制度、学校评价制度的影响,衡量某个学生是否有为的标准,最终注重的还是一张冷冰冰的试卷。在应试教育体制下,一切都有标准答案,学生不敢越雷池半步。因为离开了得分点就离开了高分,这样自然就不太允许孩子自由地发展想象力。上述情境中玉洁的作文之所以干巴巴的,除了语言词汇不够丰富外,也与其想象力缺失有着很大的关系。

二、家长忽视对孩子进行精神教育

著名教育家、武汉大学原校长刘道玉先生对世界上两个最重视家庭教育的国家——中国和以色列进行了比较,说以色列家长教育奉行"狮子育儿法":母狮让小狮子离开独自学会生存;中国的家庭教育则走向两个极端:要么娇宠,要么打骂。结果,以色列的诺贝尔奖获得者比中国多得多。刘道玉先生认为,中国家庭实际上倾向于对孩子进行"肉体教育",而不太注重对孩子进行"精神教育"。"抱在手里怕摔了,含在嘴里怕化了",这是溺爱式教育;"为什么别人能考90分,你则不能",这是打骂式教育。显然,这两种教育方式都不利于孩子独立自主意识的培养,并进而扼杀了孩子的想象力和创造力。

三、家庭教育的"功利"性蚕食了孩子想象力的发展

多数家长都希望自己的孩子是一个听话的好孩子：听家长的话，听老师的话，对父母和老师的训导、教诲和要求，只许说是，不准说不；只能顺从、遵从和信从，不能拒绝、怀疑和反对。试想，在这种环境下成长起来的孩子，谁还敢大胆想象？从某种意义上说，正是"听话的孩子"，蚕食了孩子的想象力，摧毁了孩子探索未来的兴趣与勇气。我们不妨看一下孩子的成长过程：当孩子开始想问题的时候，试图用自己的方式认知和探索这个世界的时候，他们总是有问不完的问题，但他们得到的回应却是"想那么多干啥""这不是你现在需要想的问题""不务正业，都什么乱七八糟的东西""这个问题还用想吗""书上让你怎么答，你就得怎么答""你这样想是错误的"……即使是一些开明的家长，也很少愿意陪着孩子去寻求答案，并引导和鼓励他们自己去探索，去提出更多的问题。实际上，当孩子的提问得不到支持、鼓励和家长参与的时候，他们提问的能力就会逐渐萎缩，提问的热情也会逐渐消失，剩下的是家长、学校、社会的要求和准则，到最后他们的想法便被一些规范"框"了起来，只能在既定的答案中寻求答案，想象力枯竭是必然的。上述情境中小雅的绘画本来充满了想象力，但却被妈妈的一次次"教育"给摧毁了。

可见，我们的孩子本来并不缺乏想象力，但却在成长的过程中未能得到"善待"而逐渐枯萎了。那么，作为家长，我们该怎样去丰富和发展孩子的想象力呢？

【为你支招】

对于孩子想象力的缺失，很多人只把责任推到教育制度上。实际上，孩子想象力的培养和锻炼是从小就要开始的，并且家长的作用要远远大于学校和老师的作用。这里，给家长几条建议：

一、激活孩子的想象兴致

一个家长是这样培养孩子的想象能力的：他带孩子出去玩，天上飞过一只鸟，他就跟孩子说："你看，天上飞过一只鸟，你能想到什么？"孩子说："就是一只鸟呗。"然后家长就提示他说："你看见天上飞过一只鸟，你可以想，这只鸟是从哪里飞来的？它要飞到哪里去？它的家在哪里？它的家人还有谁？它今天做了些什么？"让孩子编一个故事，写入日记。每一个孩子都是诗人，他们都有着无穷的想象力。所以，对于家长来说，所谓"培养"，并不是给孩子"空荡荡的大脑"里装进能力，而是一种激活，一种唤醒，一种维护，一种发展。

二、拓展孩子的想象空间

譬如，家长给孩子讲故事时，可以时常停住，鼓励孩子去大胆想象以后的故事情节。下一次开讲前，先问孩子是怎么想的，然后再讲。当孩子猜中了部分故事情节时，或者孩子的想象比原故事情节更精彩时，家长要大加赞扬，给予奖励。据说，德国著名思想家歌德的母亲就是这样培养歌德的想象力的。

三、丰富孩子的想象元素

表象是记忆中保持下来感知过的事物形象，是想象的必要材料，直接影响到孩子想象的深度和广度。首先，家长要让孩子广泛地接触、观察、体验生活，并有意地在生活中捕捉形象，如文化课学习中正确理解图形与符号所表示的意义，掌握其代表的各种形象；在实验课学习中注重正确观察、使用实物、模型等各种直观教具，积累新的表象。无论是音乐、舞蹈、美术、体育，还是书法、天文、航模、电脑，每一种活动，都有大量形象化的事物进入脑海，并需要进行创造性想象才能完成活动任务，这对于提高孩子的想象力是十分有益的。其次,要让孩子多阅读文学书籍,文学艺术作品可以提供丰富的形象,尤其是典型形象,有利于孩子获得大量的想象元素,使其在想象时有东西可想。再次,要鼓励孩子在实践过程中储备。如选一些孩子会唱的歌,根据歌词的意思,让孩子根据歌曲自编表演动作,或听歌曲画画。在这个过程中,孩子头脑中就会进行有关方面的想象活动。有时,我们可以先让孩子听一首曲子,然后再问孩子听到曲子后脑海中出现了什么样的画面,接着让孩子把这个画面画出来或描写出来。

四、发掘孩子的想象发散

平时,家长可让孩子列出物品常规用途以外的用途。例如,孩子正拿着毛巾洗脸,家长问:"毛巾可以用来洗脸,还可以用来做什么?"孩子答:"用来洗澡、擦脚。""还有呢?""当抹布擦桌子,当围巾围脖子,当枕巾盖枕头,当纱布包扎伤口,给小孩当被子……"孩子的生活经验越丰富,想象范围就越广阔,从而锻炼孩子思维的新颖性、灵活性和创造性。同时,家长也可提出一些反常规的问题,让孩子想象后回答。例如,妈妈说:"如果天上下的不是雪而是白糖,那该怎么办?""如果这世界上没有白天只有黑夜,或者是没有黑夜只有白天,那该怎么办?""如果这世界上的动物都变成人了,那该怎么办?""如果你长着一个长长的尾巴,那该怎么办?"……家长只有把这些"怎么办"交给孩子去思考,孩子的想象力才会像天马行空一样任意驰骋。

五、提升孩子的想象品质

首先,家长要有意识地引导孩子提升想象力。家长可以和孩子一起编故事,家长说一两句,孩子接一两句,家长再接着说,孩子也继续接下去,如此循环。或者根据故事开头编结尾。当然,也可以改为书面语言的方式用同样的方法进行。在孩子小的时候，不管故事编得如何，编到哪儿，都不重要，重要的是能接上，逻辑上能说得过去。当孩子大一些的时候，就要增加故事的长度和难度。其次，家长可以有意识地对孩子进行一些想象力训练。家长可以给出一些简单的符号——线、半圆、圆圈，让孩子根据这些来组合故事，鼓励孩子尽可能多地组合一些更复杂、完全不同的故事出来。

每个孩子的成长都有自己的方向和节奏，尤其是想象力的培养，做家长的千万不能把孩子当成"泥巴"随心所欲地捏，从而破坏了孩子本身的成长方向和节奏。在和孩子朝夕相处中，家长要善于顺势而为，顺着孩子灵动的思维，引导他从想象的萌芽，迈入一个纵深无限的立体空间，最终形成超乎寻常的想象力。

后　记

十年前，在读了我发表在《威海教育》上的系列文章之后，威海市教育学会的孙义君主任对我说："王老师，教育学会要围绕名师成长出一套系列丛书，你也出本书吧，也算是你对自己的专业发展做个回顾。"彼时，觉得自己的积累还不够丰满，思想不够深刻，几次提笔又放下，这一搁不知不觉就是十年。

十年光阴，恰似一季芳华。其间，我代表威海名师去重庆云阳送过课，作为骨干教师参加过中考的命题工作，参加过教辅资料的编写和课题的研究，和同事合编了多部教育著作。在我离别故土29年之际，我调回到了人生的起始地——我的家乡文登区。无论时光更迭，无论身处何方，我都一直坚守在语文教学的第一线。正是十年如一日的不断思索和探究，才让我今天有了足够的底气和勇气，决定将陆续发表在各类刊物上的文字，以及执教部分公开课的实录整理出来，致敬这已然逝去的如水光阴。

记忆里有毕业的学生与我再次相逢，常常会有下面这样的对话："老师，您现在教什么学科？""语文啊！"再相逢："老师，您现在还教语文吗？""当然！"然后有的学生就会诧异地望着我，或许他们不理解的是这么多年我为什么不换个学科，甚至有的学生会用带点同情的眼光看着我。他们不知道的是，终其一生只为做好一件事，却是我32年来坚守语文教育的初心和使命。

这个初心和使命，源于我心底对语文的挚爱。我是20世纪80年代的中学生，那时人们的生活普遍不富裕，农村出身的我把自己积攒的零用钱都拿来买了书。除了和小伙伴儿一起读那个时代流行的武侠、言情小说，我更喜欢读的还有席慕蓉的《七里香》和三毛的《撒哈拉的故事》，以及一般中学生极少涉猎的《老舍文集》《孽海花》《老残游记》《悲惨世界》等名著。在无数个挑灯夜读的日子里，是书香填补了我贫瘠的少年时光，是书香让我虽衣衫素朴却心明眼亮，虽生长于乡村却心向世界。

有梦不觉岁月寒。后来我作为文登提前批录取进师范的中专生，在懵懵懂懂间成了一名教师。毕业分配到学校时，本来分配教物理，费了好大的劲才得以教了自己喜欢的语文。慢慢地，我发现自己喜欢上了这份工作；又因为对语文的偏爱，我顺理成章地爱上了做一名语文教师。自此，成长为一名优秀的语文教师就成了我最隐秘的追求。

语文课堂上，我将自己对语言文字的敏感传递给学生，让更多的学生热爱祖国的语言文字；公益讲坛上，我从《百年汪曾祺，人间草木情》谈起，激发学生对经典名著的喜爱；课改研讨会上，我把文学作品和写作训练巧妙链接，将割裂的读书和写作水乳交融；朗读分享会上，我指导学生以"你好，我的'李焕英'"为选题，朗读送给母亲的文字。我尽最大可能引导学生观察、感受自然与生活的美好。在小城烂漫的花事里，我叮嘱学生们"陌上花开，可缓缓归矣"；在飘雪的冬日，我会带领他们玩一场酣畅淋漓的雪仗，把那份融于自然、融于集体的独特感受写进文字。荷风送香气，竹露滴清响，从学生身上我听到了生命拔节的动人声响。

是的，"教育即生长"。这个观点最早由卢梭提出，而后杜威做了进一步的阐发。教育就其本质来说，应该让每个人的天性和与生俱来的能力得到健康的生长。就语文来说，它是和生命成长关联度最紧密的学科。让语文课成为学生美丽的天堂，在情真意切、其乐融融的课堂环境中享受文字的诗意，思辨的理性，生活的美好和人性的光芒；带领一批批学生爱上诗意的语文，享受成功带来的自信，从而产生持续的成长动力：做语文教师，我何其有幸！

和许多语文教师一样，我的专业发展所走的道路离不开这样的三部曲：不离教参，照本宣科；有所取舍，优化教学；颇具特点，渐成风格。为了更好地成长，我知道我能做到的最好的方法莫过于继续学习和不断反思。教而不研者，罔；研而不教者，怠。在我眼里爱读书爱学习的教师，他的课堂永远有源源不竭的活水；而善于积累和反思的教师，更等于拥有了生生不息的源泉。

俄罗斯作家康斯坦丁·巴乌斯托夫斯基在《珍贵的尘土》中写了这样一个故事：夏米，一个普通的士兵，为了他的执着追求，以勇敢无畏的精神，用从首饰作坊的尘土里筛出来的金屑，铸造了一朵属于他自己的坚强的金蔷薇。每每读到此处，我就会联想到自己写下的文字，不也是来自教育生活中的某一个刹那，某一个偶然投来的流盼，某一次细微的心灵跳动吗？同样，还有来自大自然的飞扬的柳絮，屋檐下待哺的雏燕：它们都是"珍贵的微粒"。这些"微粒"不仅仅是火花一现的触动，而且是我对某一现象或者问题所做的凝眸与思考。数十年的光阴里，我像小说里的夏米一样，用这些淘出的"微粒"做沃土，培育出独一无二的"魔法毛竹"。

不知不觉间32年过去了，今天再度回首这充满着激情，充满着艰辛，充满着骄傲的历程，我心中百感交集，但有一种想法却越来越清晰，那就是，虽然我没有春天桃花的那一抹粉红，却向往着常绿于春夏秋冬；无论岁月变迁，挺拔凌云一直是我不变的追求。我多么希望能像"魔法毛竹"一样，既有仰望星空的高远，又有脚踏实地的勤奋。透过我的文字，希望读者能体会到我的语文里红尘俗世的人间烟火，令人憧憬的诗和远方。

做自己喜欢的工作，写自己喜欢的文字，世间还有什么比这更美好的呢？

今天，我满怀感慨写下这些文字，除了纪念自己生命中难忘的教育生涯，也把此书献给那些为教育而甘于奉献的同行们，献给我可敬的同事

后 记

们，献给那些刚刚步入工作岗位的青年朋友们！未来，如果有一种颜色能够装点祖国的河山，我希望其中有我的青翠；如果有一种精神可以指引成长的方向，我希望其中有我的光芒；如果有一种声音可以影响人的思想，我希望其中有我的嘹亮。我愿意相信，在教育旅途上的每一段光阴，都是人生美丽的芳华。

王本红

2022.6.1